スペシャリスト直伝！

小学校

エンカウンターで学級づくりの極意

水上和夫 著

明治図書

はじめに

　若い教師のみなさんから，「個別指導はできるが全体指導がうまくいかない」「もっと楽しい学級にするにはどうすればよいのか」など，人間関係や学級づくりの悩みを聞きます。ところが学校現場では授業研修は充実しているのですが，かかわり合って互いのよさを発揮するグループづくりを学ぶ機会はけっして多くありません。

　エンカウンターとは本音と本音の交流です。構成的グループエンカウンター（以下SGE）はリーダーが用意したプログラムで作業や討議する方法でふれ合い，人間関係をつくり，個人の行動変容を目指します。本書で取り上げるのは教育目標達成のために行うスペシフィックSGEです。参考図書にはいろいろな場面で活用できるエクササイズが紹介されています。けれども「すぐに」「簡単に」が強調されればされるほど，実際には第一歩が踏み出せないという声を聞きます。

　本書ではエンカウンターを生かした学級づくりを「学年別」「学級開き」「学期ごと」「問題場面」などに分け，理論と具体的エクササイズをわかりやすく紹介しました。これまでエンカウンターを知らなかった教師でも考え方を理解して取り組めるようにしました。

　一人一人のニーズに合わせて教育活動を進める特別支援教育の導入とともに，学級づくりは難しさを増しています。集団を動かすことができないという悩みの解決に，エンカウンターは大きな力を発揮します。本書を活用して集団の力を引き出し，子どものかかわりを生かした活動を進めてください。そしてエンカウンターにチャレンジし，「かかわり」と「つながり」のある集団づくりに取り組むことで，学級づくりの醍醐味を楽しむ教師が増えることを願っています。

水上　和夫

Contents

はじめに

1章 エンカウンターで押さえておきたい基礎基本

1 そもそも構成的グループエンカウンターとは何か …………8
2 エンカウンターがめざすもの ……………………………10
3 エンカウンターで高まる力…………………………………12
4 エクササイズ実施のポイント ………………………………14
5 学校教育における役割 ………………………………………16

2章 エンカウンター実践マニュアル

1 エクササイズ6つの種類 ……………………………………18
2 うまくいかない実践から学ぶ ………………………………24
3 エクササイズを選ぶ …………………………………………27
4 エクササイズの準備をする …………………………………30
5 エクササイズを行う …………………………………………36

3章 エンカウンターを生かした学級づくり

1 エンカウンターで学級づくりの指導力を伸ばす ……………42

2 指導者の自己開示を生かす
　①対話を大切にした自己開示を行う …………………44
3 指導者の自己開示を生かす
　②教師と子どもの温かい関係をつくる …………………46
4 子どもの自己開示を促進する
　①教師や友達モデルによる子どもの自己開示を進める …………48
5 子どもの自己開示を促進する
　②安心して自己開示できる環境や雰囲気をつくる …………50
6 シェアリングを生かす
　①子ども同士でシェアリングを行う …………………52
7 シェアリングを生かす
　②指導者の気づきを活用する …………………54
8 介入を生かす
　①ルールを守らない子どもに対応する …………………56
9 介入を生かす
　②心的ダメージを受けた子どもに対応する …………………58

4章 学年別・エンカウンターで学級づくり

1 低学年向け・エンカウンターで学級づくり
　①低学年でエンカウンターを行う際のポイント …………60
2 低学年向け・エンカウンターで学級づくり
　②低学年の学級経営にエンカウンターをどう生かすか …………62
3 中学年向け・エンカウンターで学級づくり
　①中学年でエンカウンターを行う際のポイント …………64
4 中学年向け・エンカウンターで学級づくり

②中学年の学級経営にエンカウンターをどう生かすか …………66
5　高学年向け・エンカウンターで学級づくり
　　　①高学年でエンカウンターを行う際のポイント ……………………68
6　高学年向け・エンカウンターで学級づくり
　　　②高学年の学級経営にエンカウンターをどう生かすか …………70
7　エンカウンターを入れた学級づくり年間プログラム………………72

5章　「学級開き」におススメのエンカウンター

1　黄金の3日間で取り組むこと ……………………………………………74
2　ルール確立の10日間で取り組むこと …………………………………78
3　ルール定着の1か月で取り組むこと ……………………………………82
4　低学年におススメのエンカウンター ……………………………………86
5　中学年におススメのエンカウンター ……………………………………90
6　高学年におススメのエンカウンター ……………………………………94

6章　「この時期」におススメのエンカウンター

1　1学期におススメのエンカウンター
　　　①出会いの楽しさを味わう………………………………………………98
2　1学期におススメのエンカウンター
　　　②気持ちのよいあいさつをする ……………………………………102
3　2学期におススメのエンカウンター
　　　①つながる楽しさを味わう……………………………………………106

4	2学期におススメのエンカウンター
	②みんなで盛り上げる ……………………………………… 110
5	3学期におススメのエンカウンター
	①温かい言葉遣い名人になる ……………………………… 114
6	3学期におススメのエンカウンター
	②今年の成長を振り返る …………………………………… 118

7章 「問題場面」におススメのエンカウンター

1	小グループで固まり,男女の仲が悪い学級での
	エンカウンター ……………………………………………… 122
2	ルールが定着せず,勝手な行動が多い学級での
	エンカウンター ……………………………………………… 126
3	登校しぶりの子どもが出始めた学級でのエンカウンター …… 130

8章 エンカウンターで学級づくりの極意

1	エンカウンターを関係づくりに生かす ………………………… 134
2	エンカウンターを授業づくりに生かす ………………………… 136
3	エンカウンターで指導力を伸ばす ……………………………… 138
4	エンカウンターで子どもが育つ ………………………………… 140

あとがき

1章　エンカウンターで押さえておきたい基礎基本

1　そもそも構成的グループエンカウンターとは何か

構成的グループエンカウンター（Structured Group Encounter：略称 SGE）は，ふれあいと自他発見を目標とし，個人の行動変容を目的としている。

❶　本音と本音の交流

　エンカウンターとは本音と本音の交流のことです。SGE はリーダーが用意したプログラムで作業や討議をしてふれ合い，人間関係をつくり，個人の行動変容を目指します。
　同じように集団で行う次の活動とは以下の点で違いがあります。
❶グループカウンセリング
　悩みや困りごとなど，カウンセリングが必要な事例に対して問題解決を目的とした治療的な集まりである。SGE は開発的・教育的である。
❷レクリエーション・ゲーム
　その場にいる者が楽しみ，感情が高まることをねらいとする。SGE は自己開示を中心に据え，認知・行動・感情の行動変容を目的とする。
　エンカウンターにはエクササイズを用いない「非構成」または「ベーシック（basic）」というグループがあります。これに対して SGE は，エクササイズを介して自己開示を促進し，リレーション（ふれ合い）形成やシェアリング（わかち合い）を進めます。
　構成的グループエンカウンターの「構成」とは「枠組み」を決めて活動することです。たとえば，エクササイズ「質問ジャンケン」では，ジャンケンをして互いに質問したり答えたりする活動を通して，相手に伝えることの楽しさや自分を受け入れてもらう心地よさを体験します。このときに「相手が困る質問をしない」「ペアで行う」「3分間」のように，ルール，グループの大きさ，活動時間などの「枠組み」を設定して活動を進めます。

SGEは心が温まる楽しい活動であると思っている人がいます。けれども何の配慮もなくエクササイズを行うと，嫌な思いをしたり，心に傷を負ったりするメンバーが出てきます。このような心的外傷を防ぎ，効率的かつ効果的にエクササイズを行うために「枠組み」を構成するのです。

2 目的の違いによる2つのエンカウンター

◆ポイント

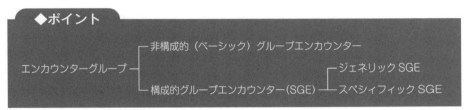

　SGEは目的の違いにより2つに分けることができます。

❶ジェネリックSGE
　ふれ合いと自他発見による参加メンバーの行動変容を目的とする。健康な成人に対して家庭や職場とのかかわりを遮断（文化的孤島）して行う。

❷スペシィフィックSGE
　ふれ合いと自他発見を目標にして，学習者の教育課題の達成を目的とする。カリキュラムや発達段階に対応し，児童生徒や学生などを対象に行う。

　本書で取り上げるのはスペシィフィックSGEです。教育目標達成のために子どもに対して行うSGEです。参考図書にはいろいろな場面で活用できるエクササイズが紹介されています。けれども，「すぐに」「簡単に」が強調されればされるほど，実際には第一歩が踏み出せないという声を聞きます。このような教師をあと押しするために，成功体験だけでなく失敗体験からも学び，子どもも教師も成長の喜びを実感できるSGEの活用方法を紹介します。

―まとめ―
　構成的グループエンカウンターは，「枠組み」を構成することで本音と本音の交流を促進する。

2 エンカウンターがめざすもの

小学校では，構成的グループエンカウンター（以後・エンカウンター）によって，人とふれ合う楽しさを味わわせ，肯定的な自己概念を育てることで，学級を子どもたちの心の居場所にする。

① 人間関係づくりの重要性

　子どもたちが群れをなして遊んでいた仲間集団（ギャング集団）は，今ではすっかり姿を消してしまいました。子どもは家にこもってゲームやテレビで時間を過ごし，スポーツや習い事，学習塾に通う生活が一般化しています。ギャング集団の喪失とともに，子どもは友達とのつき合い方や自己主張の仕方，けんかの処理などを学ぶ機会をなくしました。このため学校とりわけ学級での人間関係づくりが重要になっています。

◆ポイント1
　小学校でのエンカウンターによる人間関係づくりは，人とふれ合うことを楽しむようにする。

　エンカウンターを取り入れる際には，まずペアの活動から始めます。そしてゲーム性の高い簡単なエクササイズを繰り返し行います。たとえば，「おはようジャンケン」というエクササイズを1週間続けると子どもは誰とでもあいさつを交わすようになります。そして，あいさつによってかかわる楽しさを味わい，温かい学級づくりを進めることができます。
　小学校の教師は「自由に考えていいよ」と言いながらも，実際には「先生の考えをあててごらん」と活動のねらいに沿った発言だけを求めていることがあります。このような中では子どもは互いのよさを認め合うことはありません。そして自分によさはないと感じるようになって，努力する前にあきらめてしまい，ますます認められることが少なくなる悪循環に陥ります。

エンカウンターでは，意図的に肯定的なフィードバックを受けるチャンスを設定することができます。「よいところを伝える」「ほめてあげる」などの条件をつけてわかち合いを行うのです。自分を肯定的に感じる機会を増やすことで子どもは自己肯定感を高め，他者を受け入れることができるようになります。学級生活でどれだけ肯定的なメッセージをもらうかどうかで，子どもの自己肯定感は変わっていきます。

◆ポイント2

　子どもは，自分には味方がいる，認めてくれる人がいると感じ，学級が居場所となることで前向きに努力するようになる。

2　ルールの指導に力を入れる

　学級を心の居場所とするためには，まずルールの指導に力を入れます。とくに大切なのは授業のルールです。4月のスタートから，聞く態度や発言の仕方，学習の準備などを粘り強く指導します。

　このようなルールの指導を行いながら，子どもに学級集団のよさを感じさせるようにします。年度始めの1週間は「出会いの週」として，新しい学級での決意や気持ちをエンカウンターを活用してわかち合います。明るく楽しい学級の雰囲気を演出するのです。友達と感想を伝え合い，体験を共有することで，互いのよさを自覚するようにします。これらの活動が前向きに生活しようとする意欲につながり，学級の一員としての自覚を高めていくのです。

◆まとめ

　小学校で人間関係力を育てる場は学級である。エンカウンターを取り入れることで学級を安心安全な場とし，集団のよさに気づかせることで，学級が子どもの心の居場所となるようにする。

3 エンカウンターで高まる力

 教師がリーダーになってエンカウンターを進めることで集団に対する指導力を高めることができる。

① ノンバーバルなコミュニケーションの重要性

　教師による人間関係の指導は,「言葉によるコミュニケーション（verbal communication）」による方法が多く用いられます。たとえば,学級でいじめが起こったときに,「だれとでも仲よくしなさい」「相手の人の気持ちになってあげなさい」「絶対にいじめてはいけません」と,いじめた子どもに懸命に指導します。けれども,それだけではいじめの根本的な解決になっていないことを多くの教師が感じています。

　このような中,より心に響く指導法として,実際に経験し,そこで起こる「いま,ここで（Here & Now）」の心の動きを大切に学習するエンカウンターが人間関係の指導方法として注目されています。

◆ポイント1

　学級の子どもたちの人間関係を開発,向上させるためには,「言葉によらないコミュニケーション（nonverbal communication）」や感情や感性に目を向けた指導が重要である。

② 指導の幅を広げるショートエクササイズ

　エンカウンターは,45分,1時間の授業時間で実施するものばかりではありません。短い時間で実施できるショートエクササイズがたくさん紹介されています。朝の会や帰りの会,授業の合間など,学校生活のあらゆる場面に取り入れることができます。

たとえば，授業中に子どもたちの気が散って集中がとぎれることがあります。そんなときは叱って注意するのではなく，エンカウンターのエクササイズ「あいこジャンケン」を行って場面の転換を図ります。集中がとぎれてきたときや展開の節目で，ざわつき始める前に行うことがポイントです。「先生と同じのを出せたらすごいね」「5回やるので，何回同じだったか数えておいてね」「それでは，ジャンケンポン」終わったら，同じだった回数を確認します。そして「少し気分が変わったかな。それでは次の課題をやりましょう」と新しい活動に入ります。このような活動はうまくやれば2〜3分あれば実施できます。

◆ポイント2

　エクササイズを短時間で行うには，みんなで取り組む活動が楽しいという気持ちを高めておくことが欠かせない。

　授業中に背伸びさせたり，深呼吸させたりしてリラックスさせている場面を見ます。短い時間で実施できるエンカウンターのエクササイズを知っていると，指導のバリエーションは大きく広がります。学級でこのような指導ができるようにするためには以下のことに取り組むことが必要です。
①朝の会や帰りの会でショートエクササイズを取り入れた活動を行う。
②教師も一緒に活動して楽しみ，気づきや思いを進んで自己開示する。
③友達とかかわった楽しさをわかち合う経験を多く積む。
　言葉による指導技術を磨くだけでなく，体験を通して心に響く指導技術を高めることが大切です。エンカウンターは，「言葉によらないコミュニケーション（nonverbal communication）」や感情や感性に目を向けた指導力を高めるのに大きな力を発揮します。

▬まとめ▬

　エンカウンターをいろいろな場面で活用することで，子どもの心に響く指導力を高めることができる。

4 エクササイズ実施のポイント

 発達段階や学級の実態に合わせ，教師の指導の力量に合ったエクササイズを無理なく，楽しく行う。

1 6つのねらいのエクササイズ

構成的グループエンカウンターには，6つのねらいのエクササイズがあります。

①自己理解　　　　　②他者理解　　　　　③自己受容
④自己表現・自己主張　⑤感受性の促進　　　⑥信頼体験

教師は授業や活動のねらいを達成するために子どもの実態に合ったエクササイズを考えます。エクササイズでは，ねらいをきちんと伝えて活動に入ります。たとえば「自己理解」では，「今日のねらいはがんばっている自分に気づくエクササイズです」のように理解しやすい表現を用いて説明します。

また事前にエクササイズに対するモチベーションを高めるようにして，ふざけたり，反抗的な態度をとったりするなどの抵抗が起こらないようにします。そのために教師は自己開示をためらってはいけません。教師が自分を開くことで子どもが教師に対して親近感をもったり，自己開示のモデルになるようにしたりすることが大切です。エクササイズは，教師と子どもの信頼関係のうえに成り立つのです。

2 エクササイズの基本的な流れ

◆ポイント

エンカウンターは，①インストラクション→②エクササイズ→③介入

→④シェアリングの順に行う。

❶インストラクション

　インストラクションでは，エクササイズの目的やルールを簡潔に説明します。やり方のコツをわかりやすく伝えるためにデモンストレーションを行います。子どもには自己開示を強要しません。インストラクションの段階で，「今の自分が語れる範囲で語る」ことを確認します。子どもから質問を受けることで，不安や抵抗を軽くするようにします。

❷エクササイズ

　エクササイズの始めと終わりの合図します。エクササイズ中は，指示通りにエクササイズが展開されているかを，子どもの表情や言動に気を配りながら確認します。エクササイズに参加できない子どもについては，プリントの配布や掲示の仕事を任せるなどします。

❸介入

　級友にきついことを言われて落ち込んでいる子どもがいたら，すぐに支持的な対応をとります。

❹シェアリング

　わかち合いや振り返りを意味するシェアリングは，やり方の説明をしてから行います。互いに自分の感情を語っているかを確認します。

　すべての子どもがエクササイズにのれるわけではありません。ネガティブなことも言いやすいようにし，ネガティブなことが語られても教師がそれを受け止める姿勢をもっていることが大切です。

まとめ

　エンカウンターのエクササイズを取り入れることは難しいことではない。ただし，子どもの心に働きかけている活動であることを自覚して取り組むことが大切である。

5 学校教育における役割

 小学校ではエンカウンターを取り入れることで学級づくりと授業づくりを進め，学級を学びに立ち向かう集団に育てる。

1 授業の中でのかかわり合いを大事にする

　小学校で教育相談活動を行おうとすると，本に書いてある方法が実状に合わないことに気がつきます。小学校では教師が学級の子どもと生活をともにしながら，授業の中でふれ合いを深めています。その学級担任に，相談室で行われている一対一のカウンセリングの導入を求めても必要性を感じません。

　教師が必要性を感じないのは，相談室で行われている個別カウンセリング，つまり専門機関での理論や方法をそのまま教室に持ち込んでいるところに原因があります。学期ごとに教育相談週間を設けて個別面接を行っても，小学校では教師が事前アンケートに書かれた内容を確認したり，教師の問いに子どもが答えたりすることで終わっているのが実状です。これでは「やらないよりはまし」程度の効果しかありません。

◆ポイント1

　小学校の教育相談活動は，授業の中でかかわり合って学ぶことで一人一人の子どもや学級集団を育てるようにする。

2 学び合い型の授業の推進を

　小学校の授業はどのように進められているでしょうか。多くの授業は一斉型で行われています。

❶一斉教師主導型

　教師→個→教師→個→教師→個→教師

❷一斉子ども主導型

　教師→個→個→個→教師→個→個→教師

　一斉型では，教師の発問に対して，挙手した子どもや指名した子どもだけが発言します。そして子どもの発言のあとに必ず教師が入ります。発表ルールを守らせることで不必要な発言を抑制し，整然と授業を進めることができます。このため多くの教師は思い通りに授業ができる一斉指導の魔力にとりつかれてしまいます。

　これからは一斉型だけでなく，「ふれ合い」と「つながり」を大切にした子ども中心の学び合い型の授業を進めてほしいのです。

❸学び合い型

　教師→個→集団（ペア・グループでの活動，わかち合い）→個→教師

◆ポイント2

　一問一答で一方通行の一斉型授業から，ペアやグループの活動を取り入れた双方向・相互作用の学び合い型授業に変える。

　小学校でのグループ学習は一斉型の授業の中にペアの活動を取り入れることから始めます。互いのよいところに目を向けさせ，拍手や笑顔を指示することで，子どもは温かい雰囲気の中で安心して友達とかかわるようになります。そしてペアやグループで考えや思いをわかち合う楽しさを味わい，友達と学び合うことができるようになります。

　エンカウンターは，子ども同士が顔を寄せ合って話し合ったり，教え合ったり，励まし合ったりする学級づくりの枠組みと自己開示，シェアリング，介入などの展開のための方法を提供します。

━まとめ━

　「ふれ合い」と「つながり」を大切にした授業づくり，学級づくりを進めるためにエンカウンターの果たす役割は大きい。

2章 エンカウンター実践マニュアル

1 エクササイズ6つの種類

 エクササイズのねらいには，①自己理解，②他者理解，③自己受容，④自己表現・自己主張，⑤感受性の促進，⑥信頼体験がある。

1 エクササイズのねらい（自己理解）

【自己理解】
　自分の行動の傾向や特徴，偏り，自分の中にあるコンプレックス（感情のしこり，ある感情のとらわれ）やイラショナル・ビリーフ（非論理的な先入観，考え方，見方など）に気づくことである。

　私たちは自分の顔を見ることはできません。しかし周りの人はいつも実像を見ています。他人を鏡にして自分のことがわかるのです。小学校での自己理解は互いのよいところに目を向けることから始めます。

❶エササイズ例　「今日発見！あなたのよいところ」

●ねらい（自己理解）
　クラスの友達のよいところを見つけ，認め合うことで，自分の長所に気づき，自己理解を高める。

●活動の進め方（教師のコメント）
① (朝の会) 今日は同じ班の友達のよいところ，感心したことなどをたくさん見つけてみたいと思います。
② よいところを見つけるために，今日1日，授業中，休み時間，給食や掃除の時間に班の人の様子をよく観察しておきます。
③ (帰りの会) 今日見つけた班の友達のよいところを「発見カード」（日付，友達の名前，発見したよいところ，感想，見つけた人の名前の項目がある

カード）に書きます（3日間続ける）。
④（帰りの会）今日は今までに書いたカードを相手に渡します。カードをもらったら読んで，気づいたことや感じたことを話し合います。

教師は「うれしそうに友達からもらった『発見カード』を読んでいる人がたくさんいました。自分のよいところに気づくことで，自分のよさを伸ばしていくことができると思います」と感想を伝えました。

2 エクササイズのねらい（他者理解）

【他者理解】
　友達の考えや思いを理解することで関係は深まる。相手のことを知り，かかわり合うことで互いに認め合う関係を促進する。

同じクラスで生活していても，友達の好きなことやがんばっていることを聞く機会は多くありません。エンカウンターではテーマを決めてかかわり合うことで短時間で友達のことを知ることができます。

❶エクササイズ例　「あなたの好きなものは何？」
●ねらい（他者理解）
　好きなものをインタビューして語り合うことで相手のことを知り，かかわり合う楽しさを味わって互いを認め合う関係を促進する。
●活動の進め方（教師のコメント）
①隣の人とジャンケンをします。勝った人から先に質問をします。
②答える人は，好きなものを言った後に好きなわけも言うようにしましょう。
　質問した人は相手の話をうなずきながら聞いてあげましょう。
③質問することは，黒板に書いてあること（好きな食べ物，教科，季節，テレビ番組など）でも自分で考えたことでも構いません。
④答える人は答えたくない質問があったら「ごめんなさい。パスします」と言って答えなくてもよいです。時間は2分で交替します。

エクササイズ後,「活動してどんなことを感じましたか」と聞いたところ,「相手のことがわかるので楽しかった」という子どもがいました。

３ エクササイズのねらい（自己受容）

【自己受容】
　I am OK（自己肯定）の状態である。欠点もあるが，そんな自分にだって長所やチャームポイントがある。そういう自分を受け入れている心理状態のことである。

　自己嫌悪感の強い人は他者を受け入れることは困難です。自己受容の結果として他者のことも受容できるようになります。I am OK（自己肯定）の状態となり自己肯定感が高まれば，You are OK（他者肯定）になります。

❶**エクササイズ例　「□□さん（君）のがんばりに拍手」**
●**ねらい（自己受容）**
　がんばったことやできるようになったことを話し，周りから拍手のエールを送ってもらうことで達成感を味わい，自己肯定感を高める。
●**活動の進め方（教師のコメント）**
①今年，自分ががんばったことやできるようになったことを話します。
②今年，自分が今の学級でがんばったことやできるようになったことを思い出してください（30秒位待つ）。１つ考えましたか。
③席の近くの人と四人組をつくります（具体的に指示する）。
④グループでジャンケンをして，勝った人から順に今年，自分ががんばったことやできるようになったことを話します。
⑤ほかの人は，聞き終わったら「がんばったね」「すごい」と言いながら拍手してエールを送ります。
　教師は最後に「○年○組の一人一人がしっかりがんばり，大きく成長した人がたくさんいて先生はうれしくなりました」と感想を伝えました。

4 エクササイズのねらい（自己表現・自己主張）

【自己表現・自己主張】
　自己主張とは相手の気持ちや考え方，見方に理解を示しながらも自分の言いたいことを言うことである。

　私たちは自己主張できなかった場合，未完の行為として後悔します。そして惨めになったり，情けなく感じたりするのです。エンカウンターの自己主張は，相手が怖い，相手から嫌がられるのではないかという感情の克服をねらっています。

❶エクササイズ例　「いーれて」
●ねらい（自己主張）
　仲間に入るには状況に応じた言葉かけが必要なことに気づき，仲間に入るための上手な言葉かけができるようになる。
●活動の進め方（教師のコメント）
①今日は四人組をつくり，仲間に入れてもらう言い方を練習します。
②席の前後で前の席の人が後を向いて（または生活班などで）四人組をつくります（ここからは立って行う）。
③四人でジャンケンをして，一番勝った１番目から４番目までの順番を決めます。２番から４番の三人は，遊び仲間で休み時間に一緒にいることにします。
④勝った１番目の人は，負けた三人に，「いーれて。ぼく（わたし）も一緒にやりたいな！」と頼みます。このときに「相手の顔を見る」「はっきり聞こえる声で言う」「笑顔で言う」ことを守ってください。
⑤頼まれた人は，頼んだ人に「いいよ。一緒に遊ぼう」と拍手をしてあげます。
　教師は「先生は〇年〇組のみんなが自分から進んで仲間に入り，いろいろ

な人と楽しく活動してほしいと思っています」という思いを伝えました。

5 エクササイズのねらい（感受性の促進）

【感受性の促進】
　互いの感情を察することができると人間関係はスムーズになる。相手の気持ちが想像できるアンテナをもつようになることである。

　言語または非言語コミュニケーションにおける感受性は重要です。感受性がよいと打てば響くような対話が可能になります。無言でエクササイズを行い，非言語のコミュニケーションに注目させ，感受性の促進を目指します。

❶**エクササイズ例　「バースデイ・ライン（誕生日の順に並ぼう）」**
●ねらい（感受性の促進）
　言葉を使わずにジェスチャーなどで誕生日の順番に並ぶことで，学級に肯定的に認め合う雰囲気をつくり出し，交流を促進する。
●活動の進め方（教師のコメント）
①今日は，この学級のみんながもっと仲よくなるためにバースデイ・ラインをします。全員で大きな輪をつくり，教師も中に入る。
②先生の右から１月１日から誕生日の順に並び直します。約束が１つあります。それは「一言もしゃべらない」ということです。
③教師が実際にやってみせる（デモンストレーション）。
④それでは始めます。始め（活動）。やめ。そこまでです。
⑤順番を確認し，間違いがなかったらみんなで拍手する。
　教師は「言葉を使わなくてもきちんと並ぶことができました。こんなに早くできてびっくりしました」と感想を述べました。

6 エクササイズのねらい（信頼体験）

【信頼体験】
　友達との間で任せたり，任せられたりする相互依存の体験をすることである。

　甘えてばかりではダメですが，甘えられないことで苦しくなることがあります。甘える能力をもたなくてはいけません。エンカウンターではエクササイズで任せたり，任せられたりする体験をします。

❶エクササイズ例　「フワフワ言葉ジャンケン『どうしたの？　大丈夫？』」
●ねらい（信頼体験）
　気持ちを込めて「どうしたの？　大丈夫？」ということを練習することで，友達にやさしい言葉をかけることができるようになる。
●活動の進め方（教師のコメント）
①相手を見つけてジャンケンをします。
②負けた人は「あっ。痛い」と言います。それを見て勝った人は負けた人に「どうしたの？　大丈夫？」と声をかけます。
③負けた人は，「気持ちがこもってやさしい」言い方だったら，腕と手で大きく○，ダメだったら×を出します。○がもらえるまで言います。
④負けた人は○を出したら「心配してくれてありがとう」と言って別れ，別の相手を見つけてジャンケンを続けます

　教師は「○○さんが気持ちを込めて言っていて，先生はうれしかったよ」とがんばって活動していた子どもをほめました。

まとめ
　エンカウンターでは６つのねらいのエクササイズを行うことで，ふれ合いと自他発見に迫っていく。

2 うまくいかない実践から学ぶ

 エンカウンターを取り入れた教師が苦戦している実践を分析することで，よりよい活用の仕方がわかる。

① 目的を達成できないエンカウンターとは

　エンカウンターの参考図書には魅力的なエクササイズが紹介されています。エクササイズを行うと子どもの心に響く活動ができるのではないかという期待が高まります。ところが参考図書の通りにやっているのに自分の学級ではうまくいかなかったという話をよく聞きます。どうして満足できる結果が得られないのでしょうか。

　私は（主任）指導主事として，エンカウンターを取り入れた授業を指導する機会がありました。それらの中で満足のいく成果があがっている授業は残念ながら少なかったのです。子どもが充実感を味わい，周りの教師が参考にしたくなる授業には巡り合いませんでした。

　そのとき感じたのは，もっと失敗した実践から学ばなくてはいけないということです。「他の教師ができた実践だからうまくいくはずだ」というのではなく，教師が苦戦している状況を分析することからエンカウンターの活用を考える必要があると思いました。

② それぞれの問題を分析する

◆ポイント

　エンカウンターの授業や活動が目的を達成することができない原因として，1教師の問題，2子どもの問題，3プログラムの問題，4学級づくりの問題，5授業づくりの問題，6学校づくりの問題がある。

❶教師の問題

①エンカウンターを取り入れたい気持ちが先行し，子どもや学級の実態を無視して行っている。
②取り入れるエンカウンターの習熟が足りないため，計画のアレンジや活動への介入が行われていない。
③エンカウンターを取り入れた活動をうまく指導できるという自信がないため，指示や注意が徹底しない。

④教師の自己開示が適切に行われないため，シェアリング（わかち合い）場面における深まりが少ない。

❷子どもの問題

①エンカウンターによって課題を解決したいという子どものモチベーションが高まっていない。
②自己開示に対する抵抗が強いため，子ども同士の気持ちの交流が少なく，しらけたムードのままエクササイズが行われている。
③配慮が必要な子どもや抵抗の強い子どもへの対策が足りないため，そのような子どもたちの参加意欲や満足感が低い。

❸プログラムの問題

①取り入れたエクササイズが活動のねらいに合っていない。
②エクササイズを実施する設定や条件が子どもの実態に合っていない。
③「参加して楽しい」「自分にとって有意義である」と，子どもが実感できるプログラムになっていない。

❹学級づくりの問題

①学級目標が子どもたちに意識されておらず，みんなでこんな学級にしたい

という意欲が高まっていない。
②学習ルールが確立されていないため，活動での教師と子ども，子ども同士のコミュニケーションがうまくできていない。
③集団のアセスメントが行われておらず，学級集団を育てる方向が明確になっていない。

❺授業づくりの問題
①教科，道徳，特別活動，総合的な学習の時間としての活動のねらいやつけたい力が明確になっていない。
②エンカウンターを取り入れる目的が明確でなく，エンカウンターによって活動を活性化する方向がはっきりしない。
③エンカウンターを取り入れた場面の前後の活動とのつながりがうまくいっていない。

❻学校づくりの問題
①教師集団の心の教育や対話のある授業に対する理解や実践意欲が高まっていない。
②エンカウンターを取り入れた指導実践が年間指導計画に位置づけられていない。
③エンカウンターを取り入れた活動の評価が行われておらず，計画→実践→評価の評価サイクルによる指導の高まりがない。

まとめ
　エンカウンターに取り組んでいる教師が苦戦している原因を知り，乗り越えることでよりよくエクササイズを進めることができる。

3 エクササイズを選ぶ

エンカウンターを行うときは，①ねらい，②レディネス，③教師の経験度にあわせてエクササイズを選ぶ。

1 ねらいで選ぶ

エンカウンターのねらいと特性に合わせてエクササイズ選びます。

❶動きのあるゲーム性の強いエクササイズ

エクササイズの中で動きのあるゲーム性の強いものは，やりやすくウォームアップの効果が大きいです。

❷繰り返し行うことができるエクササイズ

小学校低学年では体を動かしたり，何回でも繰り返したりすることのできる短いエクササイズを行うと効果的です。

❸自分や友達について考えるエクササイズ

小学校中学年では，友達のよさを知るエクササイズを行います。自己理解や他者理解をねらいとするエクササイズを行うことで学級の集団凝集性を高めることができます。

❹男女ペアや身体接触のあるエクササイズ

小学校高学年は異性への意識が芽生える時期です。異性への抵抗が起こらないように進め方やルールを工夫します。たとえば握手するのではなく，人差し指と人差し指の先を合わせることで身体接触の抵抗に配慮します。

2 レディネス（学習の準備状況）で選ぶ

どんな学級でもうまくいくエクササイズはありません。子どもや集団のレディネスに配慮してエクササイズを選ぶことがよい活動に結びつきます。

> ◆ポイント
>
> ❶子どものレディネス，❷学級集団のレディネス，❸個別のレディネスに合ったエクササイズを選ぶようにする。

❶子どものレディネス

これまでのエンカウンターを取り入れた学習活動の経験や参加状況を把握します。どのようなエクササイズを，いつ，どのように行い，参加の様子はどうだったのかはエクササイズを選ぶときの大切なポイントです。

❷学級集団のレディネス

リレーションやルールの定着状態など学級集団の状況を把握します。
①子どもたちの人間関係の把握
・日常の観察
・ペア，四人組，生活班などによる活動の状況
・Q-U（楽しい学校生活を送るためのアンケート）などによる分析
②学習ルールの定着状況のレディネス
・「聞くこと」「発言のルール」「学習用具を整えること」などの状況

❸個人のレディネス

エンカウンターに対して抵抗の強い子や配慮が必要な子を把握します。
①人間関係に課題のある子どもの把握
・人間関係の状況　・配慮する内容（本人に，他の子どもに）
②エンカウンターに対して困難を感じる子どもの把握
・エンカウンターになじめない状況の予測
・エクササイズを実施する際の個別の配慮事項の確認

まとめ

アセスメントよって，子ども，学級集団，個別の３つのレディネスを把握することでエクササイズをうまく進めることができる。

❸ 教師の経験度で選ぶ

　エンカウンターのエクササイズは，教師のデモンストレーションやシェアリング，介入の仕方によって深まりに違いが出てきます。教師自身の指導力を把握してエクササイズを選ぶようにします。

❶研修（実習）経験
　エンカウンターはカウンセリング理論によって裏打ちされています。教師自身がエンカウンターを経験しているかどうか，自己開示による気づきの深まりを感じたことがあるかどうかで実施するエクササイズは違ってきます。

❷指導経験
　エンカウンターを実際に指導したことがあるかどうかはエクササイズ選びの重要なポイントです。朝の会や帰りの会でエンカウンターを行ったり，学級活動や道徳で指導に生かしたりした経験のある教師は，いろいろなエクササイズを行うことができます。

❸スーパービジョン経験
　エンカウンターを取り入れた指導や子どもたちの様子を見て改善点を指摘してもらった経験があるかどうかで選ぶエクササイズが違ってきます。

❹指導の自信
　教師はねらいに向かって集団を引っ張っていく使命があります。しかし子どもが意図したねらい通りに反応してくれないこともしばしば起こります。活動に集中しなかったり，「やりたくない」「おもしろくない」などネガティブな反応が出たりしても，指導に自信があれば受け止めることができます。

まとめ
　教師のエンカンターの指導経験の違いで選択するエクササイズは違ってくる。

4 エクササイズの準備をする

 エンカウンターが効果を発揮するためにエクササイズを行う前の準備に手を抜いてはいけない。

1 学級の実態を把握する

　エンカウンターを行う場合，3つのポイントで学級の実態を把握することが必要です。
①子どもたちは学級に満足しているか
②子どもたちの人間関係は良好か
③学級にルールは定着しているか
　学級の雰囲気がよいか悪いかは，子どもたちと生活をともにしている教師にはすぐにわかります。けれども一人一人がどのような状態なのかということまで判断することは難しいのです。
　これらを把握するのに便利なアンケートとして，「楽しい学校生活を送るためのアンケートQ-U」があります。学級満足度尺度や学校生活意欲尺度などにより学級と子どもの状態を把握することができます。

2 学校教育活動としてのねらいを明確にする

　私は「人間関係づくりのためにエンカウンターをやっていただけませんか」と依頼されます。けれども特別活動や道徳の授業はありますが，エンカウンターという授業はありません。ですからエンカウンター取り入れた実践は，ねらいや位置づけを明確にしないと評価を受けないのです。エンカウンターの実践が認められるために気をつけて欲しいポイントがあります。

❶目標明確化

　教科，道徳，特別活動及び総合的な学習など，エンカウンターを取り入れ

た活動の学校教育活動としての目標や課題を明確にします。
①学習指導要領や学校教育目標（本年度重点）に基づく目標の設定
・学習指導要領，学校教育目標への位置づけ
・年間指導計画への位置づけ

❷活用目的明確化

　エンカウンターを取り入れて子どもにつけたい力や，授業や活動を活性化するねらいを明確にします。
①エンカウンターを取り入れることで子どもに身に付く力の明確化
・子どもに付けたい力を明らかにする
・子どものかかわり方やかかわる姿を明らかにする
②エンカウンターによる活動活性化の方向の明確化
・取り入れることでどのような授業改善を目指すかを明らかにする

　たとえばエクササイズ「ふわふわ言葉とチクチク言葉」を取り入れた道徳の指導計画では，内容項目に合わせて目標を「言葉遣いに気をつけて明るく接する態度を養う」としました。またエンカウンターの導入により言葉が引き起こす感情に気づくようにしたいと考えました。エクササイズは展開場面で実施し，人数や実施の方法を決めました。このように道徳としての位置づけと実施条件を明らかにして授業を進めました。

❸ 年間指導計画に位置づける

　エンカウンターを実施する場合，学校の年間指導計画や学校行事に合わせて計画を立てます。すでに学級活動や学校行事にエンカウンターが位置づいている場合は，前年度の活動の振り返りをもとに今年度の実施計画を立てます。新たに取り組む場合には，今年度の指導計画に入れておくようにします。

指導計画に基づいてエンカウンターを行う場合でも，学級集団の発達段階に応じて展開を工夫することが大切です。

❶学級集団の発達段階
①第１段階　混沌・緊張期　「ルールの設定」
②第２段階　小集団成立期　「ルールの定着」
　　　　　　安全が守られ安心して生活や活動ができると思える状態
③第３段階　中集団成立期　「ルールの内在化・習慣化」
　　　　　　学級集団での生活や活動が安定していると思える状態
④第４段階　全体集団成立期
　　　　　　自分らしさや個性をみんなから認められていると思える状態
⑤第５段階　自治的集団成立期
　　　　　　自分の理想を追求していると思える状態

　年度始めや学期始めに人間関係を深めるエクササイズが指導計画に位置づけられていることがあります。その場合，その時点での学級の発達段階に合わせて展開やルールを工夫する必要があります。

4　エクササイズを配置する

　エンカウンターだけで１時間の授業を展開することはけっして簡単ではありません。エンカウンターを授業に取り入れるには，導入，展開，終末のどの部分でエクササイズを行うのかを決めておくようにします。

❶全面型（授業１時間すべてでエンカウンターを実施）

導入 / 展開 / 終末	
①メリット	エンカウンターのよさを生かし，導入やエクササイズ，振り返りをゆとりをもって行うことができる
②留意点	ねらいを明確にすることで「何の授業なの，学習指導要領の位置づけは……」と批判されないようにする
③教科・領域	学級活動，学校行事，総合など
④対象	中・上級指導者

❷導入型（導入部分〈5〜10分間〉でエンカウンターを実施）

導入	
展開	
終末	

①メリット————課題に対する意欲づけや雰囲気づくり，グループづくりなどを効果的に行うことができる

②留意点————展開部分との接続を工夫しないと，導入が本時のねらいからはずれてしまうことがある

③教科・領域——すべての授業で可能

④対象————初級以上指導者

❸導入・展開型（導入・展開部分でエンカウンターを実施）

①メリット————導入で子どもの参加意欲を高め，展開でエンカウターによる活動をスムーズに行うことができる

②留意点————終末で教科・領域としてのねらいの達成状況を確認することが大切である

③教科・領域——道徳，学級活動，学校行事，総合など

④対象————中級・上級指導者

❹展開型（展開部分でエンカウンターを実施）

①メリット————導入，終末で方向づけをすることで，中心発問や追求課題をエンカウンターで深めることができる

②留意点————最も導入しやすいパターンである。エクササイズの設定や条件をねらいに合わせて工夫する

③教科・領域——道徳，学級活動，学校行事，総合など

④対象————初級以上指導者

❺展開・終末型（展開から終末部分でエンカウンターを実施）

導入	①メリット————導入でねらいへの方向づけを行うことができる。エクササイズをゆとりをもって進めることができる
展開	②留意点————導入を短時間にコンパクトに行う。エクササイズの位置づけを明確にして実施する
終末	③教科・領域——道徳，学級活動，学校行事，総合など
	④対象————初級以上指導者

❻終末型（終末部分〈5〜10分間〉でエンカウンターを実施）

①メリット————終末で感想や次の活動への思いを引き出すことで子どもの達成感や充実感を高めることができる

②留意点————終末が同じパターンとなり，マンネリ化したときに指導のバリエーションを増やすために行う

③教科・領域——すべての授業で可能

④対象————初級以上指導者

❼導入・終末型（導入と終末部分でエンカウンターを実施）

①メリット————導入の課題設定に多くの子どもを参加させたり，終末で互いのよさや思いを認め合ったりできる

②留意点————展開部分の学習活動を充実させるという目的意識をもって，つながりを大切にして行う

③教科・領域——すべての授業で可能

④対象————中・上級指導者

5　モチベーション（やる気）を高める

　エンカウンターを始める前に子どもが何のためにエクササイズを行うのかという課題意識をもつようにします。楽しいエクササイズであっても参加意

欲を高めることを忘れてはいけません。

　たとえば年度末に行うエクササイズ「○○さん（君）のよいところ」では，あらかじめ帰りの会で友達のよいところを見つけ，話し合う活動を行います。教師も加わり，互いのよいところを楽しく語り合うのです。

　またインストラクションでは，教師がクラスの一人一人が1年で大きく成長してうれしいこと，そして伸びたことを互いに伝え合ってほしいことを話しました。このように，事前の活動を行い，教師の思いを伝えることで子どもたちのモチベーションは高まりました。

まとめ

　事前の活動や動機づけを工夫し，課題意識を高めてエクササイズを行うようにする。

5 エクササイズを行う

インストラクション，エクササイズ，シェアリングの流れと進め方を知ることで，エンカウンターをうまく教育活動に取り入れることができる。

① インストラクション

> エンカウンターのインストラクションとはエクササイズに取り組む前に，ねらい，方法，内容，ルール，留意点を説明することである。

エンカウンターのインストラクションでは，次のことを説明します。
①どのようなエクササイズをするのか（タイトル）
②何のためにするのか（ねらい）
③どんな方法でどんなことをするのか（方法・内容）
④どんなルールがあるのか（ルール）
⑤気をつけることは何か（留意点）

　抽象的でわかりにくいインストラクションはエクササイズに取りかかるエネルギーを奪ってしまいます。たとえば「自分を開いて語り合う」と言うことを「うれしいときはうれしい。嫌な感じがしたときは正直に嫌な感じがしたと言えばいいのです」と子どもがイメージしやすいように話します。

　エクササイズ名やねらい，方法，ルールは板書し，いつでも見ることができるようにします。わかりやすい説明であっても聞くだけではルールは徹底しません。板書で視覚に訴え，見て確認できるようにします。

◆ポイント1
　エクササイズのねらいや方法，ルールは板書し，子どもがいつでも見ることができるようにする。

インストラクションでは，①不安の軽減，②面白さを伝える，③自己決定をさせることでエクササイズに取り組む意欲を喚起します。

❶不安の軽減
　やったことのないことや見たことがない活動には不安を感じます。「相手がいなかったらどうしよう」「失敗したらどうしよう」という心配です。「必ず近くにいる人とジャンケンします」「思いつかないときはパスできます」などの説明をして，嫌なことはなさそうだなと感じさせるようにします。

❷取り組む意義や面白さを伝える
　小学校で行うエンカウンターは「面白くて，ためになる」がモットーです。始める前にエクササイズに取り組む意義や面白さを伝えるようにします。
①取り組む内容が面白い，有意義だと感じられる
②取り組み方や活動するやり方が面白い
③取り組んだ結果から得られるものに意義を感じる
　デモンストレーションで楽しく活動している姿を見たり，相手をしてくれた子どもの感想を聞いたりすることでエクササイズの面白さが伝わるようにします。その際，教師自身の体験や思いを語ります。教師の自己開示はエクササイズへの意欲を高めるだけでなく，子どもとのふれ合いを深めます。

❸自己決定をさせる
　エンカウンターの参加は強制ではありません。インストラクションの最後に「何か質問はありませんか」と尋ね，参加できるかどうかを確認します。参加したくない子どもがいても，それを尊重するようにします。「見ていて参加できるか考えていてね」「時間を測る手伝いをしてください」など，観察させたり，役割を与えたりします。エクササイズに参加しないのはわがままであるとして無理に強制することがあってはいけません。

> **◆ポイント2**
> 　意欲を高めるインストラクションを工夫しながら，エクササイズに参加するかどうかを子どもが自己決定できるようにする。

2 エクササイズ

> エクササイズは人間的成長を促す心理教育的な課題である。主な内容は自分や他人に対する活動であり、これが誘発材となってふれ合いのある人間関係をつくる。

エクササイズは始まれば子どもたちの活動です。教師はエクササイズ中に以下のことを行います。

❶ダメージを予防する

小学生は自我が未成熟なため、エクササイズによって心に傷が残ることがあります。心的ダメージを受けることが少ないエクササイズであっても、すべての子どもがプラスの反応を示すものではありません。エクササイズの途中でやる気をなくしたり、抵抗を示したりする子どもには、気持ちを聞いたり、活動から抜けさせたりします。多くの子どもがショックを受けている場合には、エクササイズを中止する勇気が必要です。

たとえば小学校低学年の場合、自己中心性が強く、人間関係や自己表現のスキルも未熟です。このため相手の気持ちを考えない発言や行動が出ることがあります。「バカ」「チビ」「デブ」などの身体的なことや容姿にかかわる差別的な発言です。ダメージを予防することに配慮してエクササイズを進めることが大切です。

❷自分の感情に気づかせる

エクササイズをゲームで終わらせないためには、一人一人に今ここでわき起こっている感情に気づかせることが大切です。子どもの様子を観察し、適切なフィードバックを行います。ポジティブなフィードバックは子どもの自己イメージを高めます。教師の言葉かけに刺激されて、子どもは自分の感情に気づき、気持ちを表現することができるようになります。

❸子どもの様子を観察する

　エクササイズ実施中は，子どもの様子をしっかり観察します。学習場面で実力を発揮することが少ない子どもでも，エクササイズには楽しく参加することができます。気掛かりな子どもにはエクササイズを通してかかわり，リレーションを深めます。

❹ねらいから外れないようにする

　エクササイズによっては，「からかい」や「ふざけ」などの行動をとる子どもがいます。友達を傷つけるような言動や行動を止めさせることは教師の重要な役目です。

　エンカウンターでは，人に迷惑をかけない範囲で自分のありたいように振る舞う自由が許されています。けれども目に余るルール違反に対しては，自分の言動や行動の責任を自覚させるようにします。こうした体験を通して子どもは人間関係のルールを学んでいきます。

❺自己開示のモデルとなる

　教師はエクササイズ実施中にわき起こった感情を伝えたり，自分の価値観を話したりすることが必要です。それは表現能力が未発達な子どもが自分を開くモデルになるからです。適切に自己開示する教師に対しては子どもは親近感を感じ，信頼関係を築くきっかけとなります。

> **◆ポイント**
> 　小学生は自己概念，言語的表現能力が未発達であることに配慮し，エクササイズの実施が子どもにプラスの影響を及ぼすようにする。

❸　シェアリング

> 　シェアリングではエクササイズで体験したことをわかち合うことにより，気づきや思いの深まりや広がりをつくる。

エンカウンターのエクササイズとゲームやレクリエーションの違いはシェアリングが行われるかどうかです。小学校低学年ではよく「貨物列車」を行います。音楽に合わせて動き回り，ジャンケンをして負けた者があとに連なっていくゲームです。この貨物列車もシェアリングをセットにして行えばエクササイズであるということができます。シェアリングは体験したことを経験として確認していく作業です。

❶考えてみる

今の体験を通して，何を感じたのか，どのようなことを思ったのかを考えてみる。

❷自己表現してみる

感じたことや気づいたこと，思ったことを言葉や動作で表現してみる。

❸わかち合ってみる

友達と話し合い，わかち合う。自分が今体験したことの意味や感情を意識化する過程を通して体験したことが自分の中で経験となっていきます。

シェアリングでは「今ここで感じたこと」を話すので，発言内容を言いふらしたり，本人をからかったりしないことを約束します。グループでのシェアリングでは話し合ったことを発表させ，気づいたことをオープンにします。

> ◆ポイント
>
> シェアリングでは，エクササイズ体験を振り返り，そこで得た気づきを明確にすることにより，以下のことを期待する
> ①異なる視点を受け入れる態度を身に付ける
> ②自分の考えを観察したり，分析したり，まとめ直したりする
> ③信じていることや目標にしていることを吟味する
> ④新しい視点や理解の仕方を獲得する

❹ エクササイズ後のケア

> エクササイズ中に抵抗を示したり，ダメージを受けたりしている子ども対して，事後の声かけや面談などのケアを行う。

　自己の内面を見つめるエクササイズでは，心が大きく揺り動かされ，心が不安定になる子どもが出てくることがあります。終了後どのような影響が出ているかを観察します。とくに自己開示し過ぎた子どもや自己嫌悪に陥った子どものケアを行うことが大切です。

❶自己開示し過ぎたことを後悔している子ども

　今までみんなに黙っていたことを話し，言い過ぎたことを後悔する子どもが出てきます。本人には，ありのままの自分を出した勇気をほめるようにします。周囲の子どもには，エンカウンター場面で出た話を噂話にしない，からかいの種にしないことを繰り返し注意します。

❷自己嫌悪に陥った児童

　自分の感性の鈍さに気づいたり，内面にある醜さに気づいたりして，エクササイズ後に自己嫌悪に陥る子どもがいます。教師は今まで自己盲点であったことに気づいた子どもに共感し，自分を変える一歩を踏み出したという自覚をもたせるようにします。

まとめ

　エンカウンターが逆効果にならないために，エクササイズ後にフォローを行うことでダメージを予防する。

3章 エンカウンターを生かした学級づくり

1 エンカウンターで学級づくりの指導力を伸ばす

 エンカウンターの自己開示，シェアリング，介入を生かすことで，学級づくりの指導力を伸ばすことができる。

1 集団を動かす力を

　カウンセリングは教師に信頼関係や好ましい人間関係を築くための考え方やノウハウを提供してきました。傾聴や明確化，質問などの面接の技法は，教師の子どもとのかかわり方や接し方を改善するのに役立っています。ところが若い教師からは，一対一の対応はできるようになったが集団を動かすことができない。子ども同士のリレーションを深めることが難しいという悩みを聞きます。エンカウンターは，このような教師の指導の悩みに応えます。

◆ポイント1

　体験活動を通して本音と本音で交流する人間関係をつくるエンカウンターのスキルは，学級づくりの指導力と相通じるものがある。

　集団には，相互作用がメンバーの行動に影響を及ぼし，それが個々の成長をうながす性質があります。この性質を利用して，より望ましい支援を行っていくカウンセリング，心理療法をグループアプローチと言います。エンカウンターは，集団体験を通して行動の変容と人間的成長を図り，人間関係をつくり，人間関係を通して自己発見することをねらいとしています。構成された場面での体験活動を通して，本音と本音で交流できる人間関係をつくり，個人の能力開発を目指します。

2 学級集団を育てるスキル

　これまではエンカウンターのエクササイズで人間関係をつくることや学級

づくりを進めることが注目されてきました。けれども，もう1つ忘れてはならないことは，エンカウンターは教師が学級を集団として育てるスキルを向上させることができるということです。エンカウンターのエクササイズを進めるスキルは，学級集団づくりを進めるスキルでもあるのです。

◆ポイント２
> エンカウンターの自己開示，シェアリング，介入などのスキルを高めることで，学級集団を育てる指導力を高めることができる。

　学級づくりは，朝の会や帰りの会，学級活動の時間，給食や清掃，放課後の時間に行われています。けれども学校生活の中で一番多くを占めているのは授業です。小学校では毎日45分の授業を５～６時間行っています。学校生活は授業生活なのです。ですから授業の中で関係づくりを指導できる教師が学級集団をよりよく育てることができるのです。授業づくりのうまい教師は，学級づくりもうまいことは周知の事実です。

　これまでの授業研究は，教科の特性を押さえ，子どもの学びを深化させる教材提示や展開の仕方の工夫が中心でした。話し合い，かかわり合うための人間関係づくりは学級経営の課題であるとして，授業研究では取り上げられることはありませんでした。

　これからは，主体的・協働的にかかわり合って学ぶために，自己開示やシェアリング，介入などのエンカウンターのスキルを高めるようにしたいものです。これは能動的に学ぶアクティブ・ラーニングに通じるものです。そして授業で「ふれ合い」と「つながり」のある人間関係をつくることが，学級づくりの王道になると考えています。

―まとめ―
　エンカウンターの自己開示やシェアリング，介入スキルを活用することで，授業の中で学級づくりを進めることができる。

2 指導者の自己開示を生かす
①対話を大切にした自己開示を行う

教師が子どもと対話しながら自分を開くことで子どもとの関係を深めることができる。

1 自己開示の大切さ

　自己開示とは，自分の感情，価値観や考え方，自分のした行動や生い立ちなどを語ることです。教師の自己開示は，教師がどのような人かを伝えることになり，子どもの教師理解につながります。

◆ポイント1
　教師の自己開示は，授業や活動のねらいを達成するために意味があるかどうかを吟味して行う。

　教師の自己開示は自分のことを何から何まで正直に話すことではありません。また自己開示は，自己満足や自慢とも異なります。「自分に正直か」「自分を守れるか」「場にふさわしいか」「子どもを傷付けないか」など場を読む力が必要になります。

❶感情の自己開示
　「先生は今日1日とてもうれしい気持ちでした。それは昨日の算数の宿題を全員がきちんとやってきたからです」

❷価値観や考え方の自己開示
　「先生は相手を馬鹿にした言い方を直してほしいと思っています。それは先生自身が小学校6年のときに友達を馬鹿にすることを言ってしまい，仲のよかった友達とうまくいかなくなったことがあるからです」

❸生い立ちや行動の自己開示
　「先生は小学校5年のとき，急性腎臓病で1学期のほとんどを休んだこと

があります。2学期になって登校するとき，とても不安で学校へ行くのが怖かったことを覚えています」

このように教師が自己開示して見せるときは，自分の中の「ためらい」や「恥ずかしさ」もごまかさずに開示するようにします。

❷ 自己開示の例

◆ポイント2
一方的に行うのではなく，対話をしながら自分を開くことで子どもの心に響く自己開示ができる。

私が見た50代教師の自己開示の様子を紹介します。それは4年生の国語で子どもに手紙を書かせる授業でした。授業の導入で我が子からもらった手紙を出しました。子どもたちと同じ10歳のときにもらった手紙でした。ノートを破った紙に書いてある手紙を「先生の宝物」だと言って子どもたちに見せました。「お仕事ご苦労様，がんばってください」程度の内容でしたが，手紙をもらった母親の「心が通い合う」という気持ちを語っていました。

この授業では，「先生に何人子どもがいると思う？」「みなさんお父さん，お母さんに手紙を書いたことがあるかな？」と問いかけ，「どんな手紙か紹介してもいいかな」と子どもと対話しながら進めていました。子どもたちはどんどん教師の話に引き込まれていきました。教師の自己開示が今から手紙を書こうとする意欲を高めていました。授業のねらいに沿って教師が気持ちや感情を語ったことが子どもの心に響き，追究を深めていました。年度初めの4月の授業でしたが，教師の我が子への温かい思いを知ったことで，子どもたちの担任への信頼が高まっていきました。

まとめ
子どもと対話しながら自己開示を行うことで，教師と子どもとの関係を深めることができる。

3 指導者の自己開示を生かす
②教師と子どもの温かい関係をつくる

 教師が自己開示することで、子どもがかかわる楽しさを味わい、肯定的な自己概念を育てるようにする。

1 自己開示のスキルを高めると学級の空気が変わる

　学級を見ているとそれぞれの学級の空気を感じます。それは子ども同士の言葉遣いであったり、眼差しであったり、かかわり方であったりします。ある学級には明るさや楽しさがあり、子どもが自分の個性を出しながらもまとまりがあります。このような学級では、前の学年で扱いにくく迷惑をかける存在として問題視されていた子どもが、いつの間にか目立たなくなってしまいます。たとえトラブルが起こっても、子どもたちで乗り越えていきます。

◆ポイント1

　教師が自己開示のスキルを高めることで、子どもと温かい関係をつくることができる。

　子どもが生活や学習することに魅力を感じる学級は自然にできるものではありません。そこには担任の学級集団に対する調整や指導が働いています。これまで学級づくりは、教師の人柄や個性、力量であるとして担任任せになっていました。このため同じ教師が毎年学級崩壊を起こしていることが珍しくありませんでした。

　学級づくりで大切なポイントは教師が自己開示する力をもっているかどうかです。教師は指示や指導はするのですが、自分を開いて語ることが少ないのです。そのような教師が、「よくできましたね」とほめても言葉に力はありません。自分の気持ちをのせて話すことがないので子どもに響かないのです。わかりやすく説明しても、理詰めで話すだけでは、子どもとの感情交流

は生まれません。

2 うまい自己開示とは

　学級づくりがうまくいかず悪循環に陥っている教師は，無表情であったり，感情的に怒ってしまったりしているために子どもとの関係を壊していることが多くあります。教師が自分を開いて語る自己開示は，子でもとの関係を深める上で大切なポイントとなります。

　ある若い先生の授業の様子で説明します。この先生は１つの活動が終わると，「みんなしっかりノートを書いていたね」「今の話し合いでの○○君の発言，考えを深めるのに役だったね」「友達の話を聞く態度がとてもよかったよ」など，教師が思ったこと感じたことを話していました。ほんの一言ですが，教師の言葉が子どもたちの活動意欲を高めていました。

◆ポイント２

　授業の中で思考，感情，行動の自己開示を意識することで，子どもとの関係を深めることができる。

　授業を前へ進めようとだけしている教師は，このような言葉がありません。自己開示がうまい教師は，思ったことを学級全体，グループ，個人にうまく伝えることができます。そして子どもをつかみ，子どもとよい関係をつくっていきます。自分が思ったこと感じたことを話すので，言葉に感情が込められており，短い言葉で子どもに伝わります。

　小学校では子ども同士の関係を深める前に教師と子どもの関係をつくる必要があります。子どもの信頼を獲得し，関係を築いていく上で，自己開示ができるかどうかは教師の指導力を大きく左右します。

まとめ

　自己開示のうまい教師は子どもとの距離を縮め，関係を深めることができる。

4 子どもの自己開示を促進する
①教師や友達モデルによる子どもの自己開示を進める

 教師が自己開示する手本を示し、自分を開いた子どもの発言のよさを広げる。

1 教師が本音を語る

　道徳の授業では、価値を深めるために子どもに本音で語ることを求めます。資料の登場人物の気持ちになり、自分ならばどうするかを考えるのです。ところが、本音で語ることを求めている教師が、普段全く自分を語っていないことが多くあります。そのような教師が本音で語ることを求めても子どもが自分を語ることはありません。

◆ポイント1

　教師が自分を開いて語る姿を見せることで、子どもたちに自己開示の手本を示す。

　教師は「You（あなた）メッセージ」をよく使います。「廊下を走らないで下さい」「宿題を忘れてはいけません」のように、あなたを主語にして話すのです。指示や指導を徹底するためにYou（あなた）メッセージが上手なことはとても大切なことです。

　それとともにうまくなって欲しいのが「I（わたし）メッセージ」です。「廊下を走る人が一人もいなくなるとうれしいです」「宿題を忘れた人がいなくて驚きました」のように、私を主語にして話すと、自分の気持ちを述べることになるので子どもは受け止めやすくなります。

　子どもに対する口のきき方には教師の感情が込められています。ですから教師は子どもにどう言ったかではなく、どう受け取られたかを考えることが大切です。私を主語にする「I（わたし）メッセージ」を使うと、教師は自

分の気持ちに向き合い，自分を開くことができるようになります。そして授業や活動のねらいに沿った自己開示をする姿がモデルとなり，学級の子どもたちの自己開示を促進するのです。子どもがペアやグループで自分の考えや思いを語るためには，教師が自分の行動や感情を語り，自己開示の手本を示すようにします。

❷ 子どもの自己開示で気をつけたいこと

　子どもの自己開示はよいことばかりではありません。友達を馬鹿にしたり，傷つけたりすることを言う子どもがいます。そのような発言はダメであることを丁寧に指導します。内容はたいしたことがなくても懸命に自分のことを語っている子どもには，「○○さん，よく自分の気持ちを語ってくれました。先生はうれしいです」と自己開示した勇気をほめるようにします。

◆ポイント2

　自己開示した子どもの発言を大切にし，他の子どもに広げることで自分を開くことへの抵抗を減らす。

　また，相手や内容，時間を決めることで，トラブルを防ぎ，効率的かつ効果的に自己開示できるようになります。「枠組み」を設定することで，子どもは枠の中で安心して自分を開き，本音と本音を交流することができるのです。
　子どもの自己開示を進めるには，教師が子どもの声に耳を傾ける姿勢をもち，発言を温かく受け入れるようにします。子どもは誰かに自分の気持ちや思いを聞いてもらいたいのです。これらのことに気をつけることで，子どもたちは本音と本音の交流ができるようになります。

◆まとめ

　自分を開いた子どもの発言のよさを広げることで自己開示への抵抗は減っていく。

5 子どもの自己開示を促進する
②安心して自己開示できる環境や雰囲気をつくる

ルールやマナーの指導を徹底し，学級を安心・安全な場とすることで子どもたちの自己開示を促進する。

1 ルールやマナーの徹底を

　子どもが自己開示するには，学級が安心・安全の場になっていなくてはいけません。学級集団は次のようなプロセスで成熟していきます。
①親しい人間関係ができる「学級が安心・安全で楽しいと感じる」
②関係が広がる「一緒に活動する，遊ぶことが増える」
③課題や活動に協力して取り組む「課題に対していろいろな友達と仲よく協力する」

◆ポイント1

　ルールやマナーの指導を徹底し，学級を安心・安全の場とすることで，子どもたちは自分を開くことができるようになる。

　ルールやマナーが定着しておらず，学級に安心感がない中で無理に自己開示させると，開示した子どもの心だけでなく，すでにあった関係も傷付けることがあります。子どもに自己開示させるためには，ルールやマナーの指導をしっかり行います。

2 自己開示したことを守る

　また，「○○君の発言はとても勇気のあるものです。でもこのことで○○君をからかったりしないでください」のように，自己開示した内容を言いふらさないなど，発言者を守るようにします。みんなに広げることにメリットがある内容は，子どもの了解をとってからわかち合うようにします。このよう

に配慮をきちんと行うことで子どもたちの自己開示への抵抗は減っていきます。また「嫌な気持ちになったらごめんね」のように，本音の交流をする場合に生ずるトラブルを軽減するマナーを身に付けさせます。子どもたちはルールやマナーに守られ，級友と本音の感情交流をする勇気が湧いてきます。

◆ポイント2

自分を開きすぎる子どもや相手を傷つけてしまう子どもが出ないように進め方を気をつける。

誰かが自分をありのままに話すと，話してもらった側もお返しのように自分のことを話すようになります。このような自己開示の返報性をうまく活用して，子どもの自己開示を促進させたいものです。ただし，ある子どもの自己開示が他の子どもの自己開示の心理的圧力になることにも配慮しなくてはいけません。

また，自己開示し過ぎる子どもに対する注意が必要です。自己開示し過ぎることで自分自身を傷付けてしまったり，これまでの友達関係をダメにしてしまったりすることがないように配慮します。

「言いたくないことや話すことを迷っていることは言わなくていいよ」

「誰かの期待に応えようとして無理に話さなくていいよ」

「たくさん話さなくていいよ」

ふれ合いのある人間関係とは，学級の教師や級友から受容的・援助的に接してもらえ，その中でありのままの自分で生活できる関係です。長所も短所もある人間の存在をその人の個性として認め合っている関係です。安心して自己開示できる環境や雰囲気をつくることで，子どもたちは学級を自分の居場所にすることができるのです。

まとめ

ルールやマナーを徹底することで，子どもたちはルールに守られ，級友と本音の感情交流をする勇気が湧いてくる。

6 シェアリングを生かす
①子ども同士でシェアリングを行う

 ペアやグループのシェアリングを行うことで,本音と本音の交流を促進し,リレーションを深める。

1 活用したいシェアリングのスキル

　エンカウンター以外のグループアプローチでは,わかち合いや振り返りを意味するシェアリングを重要視することはありません。活動を進めることに力が注がれていることが多く,互いの感情を語ることへの関心は低いのです。エンカウンターでは,エクササイズで体験したことをわかち合うことで感情,認知(思考)を修正したり,広げたりします。子どもの関係を深めるために活用したいのがシェアリングのスキルです。

◆ポイント1

　シェアリングは,子どもたちの実態に合わせ,モデルを示してペアの少人数から始める。

　シェアリングは,二人,四人,全体など,様々な人数で行います。

❶少人数から始める

　始めはペアなどの小集団でのシェアリングを行います。聞く相手が限られると安心して話すことができます。

❷自己表現に慣れさせる

　話すことが苦手な子どもは,少しでも語ることができたらよしとします。できたことを認めることで自信をもつようにします。

❸気づきを引き出す工夫をする

　気づきを引き出すのは教師です。ほめる,感心する,驚く,喜ぶ,残念がる,期待するなどの言葉かけを工夫して,気づきや考えを引き出すようにし

ます。
❹モデルを示す

「私は，○○さんの話を聞いて心が熱くなりました。なぜなら……」などと話し方のモデルを示します。また，シェアリングに入る前に，「ここのグループに協力してもらって手本を見せますから，こちらを見てください」と具体的に進め方をイメージさせます。

> ◆ポイント２
> シェアリングによって，メンバーに受け入れられ，自分の存在意義が認められたと実感できるようにする。

２ シェアリングができるクラスを

シェアリングは，同じエクササイズを体験してもメンバーそれぞれ受け取り方が違うことを知り，友達を理解するのに役立ちます。そして友達との相違から自分の感じ方が明らかになり，自分への気づきが深まるのです。体験している自分の感情を言葉にし，それがメンバーに受け入れられることで存在意義が認められたと実感したときに，子どもは自分を受容できるようになるのです。

多くの学級で行われている一斉指導は，発言する子どもの意見はわかるのですが，発言しない子どもは意見表明の機会がなく，聞くだけになっています。それでも知識の理解は進むのですが，子ども同士の関係は深まることはありません。一斉指導であってもペアやグループのシェアリングを取り入れることで子どもの関係づくりを進めることができます。シェアリングができるようにすることで，子どもたちのよい人間関係を築くことができるのです。

まとめ

子ども同士のシェアリングを行うことで，本音の交流を盛んにし，授業の中でよりよい人間関係を築く。

7 シェアリングを生かす
②指導者の気づきを活用する

 シェアリングの内容を深め，意欲を高めるために教師のサポートや気づきの活用が大切である。

1 効果のあるシェアリングを

　授業で話し合いが行き詰まったり，意見が出なかったりしたときにペアやグループを使う場面を多く見ます。そして話し合いの結果をグループで発表させるのです。このように課題意識が高まっていないのに無理矢理行う話し合いは「グループに逃げる」行為であり，活発に意見が交わされることはありません。

◆ポイント1

　シェアリングをサポートすることで，授業や活動のねらいを達成するようにする。

　ワークシートに書かせる振り返りをよく目にします。もし教師にうれしかったことや発見したことを①ねらいに焦点化する，②Ｉメッセージで語る，③挙手によるわかち合いを行う，などのシェアリングのスキルがあれば，短時間でも深いわかち合いを行うことができます。

2 シェアリング中の教師の動き

　シェアリングでは，あたたかい雰囲気で発言を共有できるようにすることが重要です。教師は，視覚・聴覚を駆使し，安心して率直な感情交流ができる雰囲気を保障するために，よい発言を取り上げて，ほめるようにします。
　たとえば，シェアリングの中で「僕は一人になってさびしかった」と自分の感情を語ったことを取り上げて，「よく自分の気持ちを語ってくれたね。

あなたの気持ちが伝わってきたよ」とほめることで，発言がクラスのモデルになるようにします。

◆ポイント2

教師が，うれしかったことを語る，新しい発見を語る，次時への期待を語ることでシェアリングを深める

　教師は，シェアリングの様子をしっかり観察します。邪魔にならないように巡回して歩き，子どもの話に耳を傾けます。いい気づきが話し合われている場合は，あとで全体で発言してもらうように働きかけ，他の子どものモデルになるようにします。

　勇気を出して発言している子どもをフォローするために，教師は発言者の表情がよく見える位置に立ちます。発言によっては，動揺し変化する子どもの反応を素早く読み取って内容を補足し，話し手を勇気づけます。

　また，聞き手側の笑顔やうなずきなど，発言者を肯定する非言語サインを見つけ，「○○さんと同じ考えかな」「賛成の人が多いようだね」と言葉で素早くフィードバックさせます。特定の子どもに肩入れして，他の子の嫉妬をかわないようにすることも大切です。

　グループで話し合いをさせても，話し合った内容だけを取り上げようとする教師がいます。これでは一人一人に自分の考えを発表させているのと変わりません。グループで話し合ったときには，友達の意見を聞いて考えたこと変わったことを発表させるようにします。そして，シェアリングの最後には教師がうれしかったことや新しい発見，次時への期待を語ることで，シェアリングの満足感を高めるようにします。

―――まとめ―――

　シェアリングの様子を観察し，教師がフィードバックすることでシェアリングの満足感を高める。

8 介入を生かす
①ルールを守らない子どもに対応する

 子どもと温かい人間関係をつくることで,子どもに介入を受け入れる気持ちをもたせる。

1 介入の配慮点

エンカウンターの介入は,メンバー同士のふれ合いの促進と安心して自分と向き合うことができる環境を守るために行います。エンカウンターでは次の点に配慮して介入を行っています。

❶一人一人を尊重する
集団活動であっても,教師は一人一人の子どもを人間として尊重する態度をもち,集団の中で個の成長を援助します。

❷介入した理由の説明
「なぜ介入したのか」「どう行動してほしいのか」をわかりやすく説明します。ときにはルールを守らない子どもと対決することもあります。

❸依存対象のモデル
介入する教師の姿が子どものモデルになるようにします。そして子どもに自分を任せられる,守ってくれるという気持ちをもたせます。

◆ポイント1

ルールを守らない子どもには,現在の問題に絞って短く注意し,ほめることでルールを身に付けさせる。

エンカウンターでは「しゃべらないで行う」「順番に行う」などの約束や「3分間」などの時間や活動するグループサイズを伝えます。ルールを守らない子どもがいたら活動を止めて注意したり,終わってから指摘したりします。どの子どももルールに守られて安心して参加できるようにします。

2 ルールを身に付ける指導の工夫

教師がエンカウンターの介入を理解していると，ルールを守らない子どもをダメな子どもと決めつけるのではなく，子どもがルールを身に付けるように指導を工夫することができます。
①注意するときはきちんと伝える。
②よいときを思い出させ，今の状況を残念がる。
③注意は，認め，ほめたあとにする。
④できたことや結果だけでなく，やる気や姿勢をほめる。
⑤教師の期待や希望を語る。

◆ポイント2

介入はリーダーの役割であることを自覚していると，子どものルール違反に落ち着いて対処することができる。

若い教師から子どもを叱れないという悩みを聞くことがあります。何をするのがリーダーなのかがわかると介入の迷いはふっ切れます。

❶リーダーとしての役割意識をもつ

リーダーとしての自覚をもってポイントを意識して介入します。

❷リーダー自身の偏りを自覚する

自分の癖や偏りを自覚することで意味ある介入ができるようになります。たとえば失愛恐怖から脱却すると適切な介入ができるようになります。

❸子どもの力を信じる

介入をされて乗り越えていくのは子ども自身です。勇気をもって介入するとともに，介入する子どもへの信頼が大切です。

まとめ

エンカウンターの介入のスキルを知っているとルールを守らない子どもに落ち着いて対処することができる。

9 介入を生かす
②心的ダメージを受けた子どもに対応する

 どんな活動でも嫌な子ども、やる気になれない子どもがいることを自覚して活動を進める。

1 入り込めない子どもへのフォロー

エンカウンターでは、エクササイズによってダメージを受けた子どもへの対応を行います。①気持ちを聞く、②活動から抜けさせる、③エクササイズの中止、④事後のフォローを行う（個人、学級全体）などです。

◆ポイント1
活動に入り込めない子どもの気持ちを受け止めることで、子どもは元気になる。

授業に集中していない子どもがいると教師は注意します。「ちゃんとノートを出してください」「よそ見をしないで話を聞いてください」などです。厳しい先生になると注意が多く、子どもはクタクタに疲れてしまいます。

小学校の1限の授業時間は多くの場合45分です。この45分間をすべて集中して過ごせる子どもは多くありません。エンカウンターを理解している教師であれば、集中しない子どもに注意するだけの対応はしません。「きちんとノートを出している人がたくさんいますね」「先生に目をあわせている人がたくさんいてとてもうれしいです」「意見のある人は手を挙げていてくれるとうれしいな」などのように、子どもたちのよいところに目をつけ、気持ちを受け止めてIメッセージで伝える工夫をします。

また、「今日はとても暑いね。先生汗びっしょりでちょっと疲れたんだけどみんな大丈夫？」のように、教師が今の気持ちを自己開示して問いかけると、多くの子どもは自分たちは暑さに負けずにがんばろうと思うようになり

ます。教師は疲れない,いつもがんばっているという姿だけをみせる必要はないのです。教師が自分を語り,子どもたちのことを察する声かけをすることで子どもは元気になるのです。

◆ポイント２

　心的ダメージがないかを意識して子どもと接することで,子どもたちの安心感は高まる。

2　セーフティーネットを張る

　小学校には特別支援学級があります。特別支援学級に在籍している子どもは,体育や音楽,図工などいくつかの教科を同じ学年の交流級で受けます。ある教師は,特別支援学級の子どもが一緒の授業では,課題の提示を視覚に訴えるものを用意したり,課題や活動をわかりやすく工夫したりしています。

　ところが特別支援学級の子どもが加わっているのに,まったく授業の進め方を変えない教師もいます。このような教師の授業では,子どもは活躍する場もなく,その時間はじっと耐えていることが多くあります。

　教師は自分が行っている指導が子どもに心的なダメージを与えているのではないかと考えることはほとんどありません。多くの場合,指導は問題はなく,ついてこれないのはきちんとできない子どものせいだと思っています。

　教師が理解の遅い子どもやわからない子どもに対応し,セーフティーネットしっかり張っている姿を見せることで子どもたちの安心感は高まります。エンカウンターは集団を対象にしたカウンセリングです。このエンカウンターの介入を理解することで,子どもたちのやる気になれない気持ちにも配慮して授業を進めることができるのです。

まとめ

　エンカウンターの介入を理解することで,子どもの嫌な気持ちに寄り添って指導を進めることができる。

4章　学年別・エンカウンターで学級づくり

1　低学年向け・エンカウンターで学級づくり
①低学年でエンカウンターを行う際のポイント

　学級の実態に合わせて実施条件を決め，ペアでの活動を多く取り入れ，教示・説得的リーダーシップを発揮して進める。

❶ ゲーム性の強いエクササイズ

　低学年の子どもは，自分の気持ちや考えを教師に聞いてもらいたい欲求を強くもっています。このため答えがはっきりわからなくても，「はい，はい」と手を挙げてしまうことがよくあります。低学年でエンカウンターを行うときは，エクササイズで一人一人が認めてもらっていると感じ，教師とつながっていることを実感できるようにします。

◆ポイント1
　低学年でのエンカウンターは，短時間で楽しくできるゲーム性の強いエクササイズを繰り返して行う。

❶教師と子どもの人間関係をつくることから始める
　学級全体やグループ，一人一人を認める声かけをして，エンカウンターで子どもとよい関係をつくるようにします。

❷5～10分程度の短時間でできるエクササイズを選ぶ
　低学年では20分以上かかるエクササイズは行いません。「短時間」「楽しく」をキーワードにエクササイズを選びます。

❸ジャンケンなどを取り入れたゲーム性の強いエクササイズを行う
　低学年の子どもはジャンケンが大好きです。いろいろな友達とジャンケンすることで，関係をつくるようにします。

❹実施条件を絞り込み，朝の会や帰りの会など決まった時間に繰り返し行う
　エクササイズの進め方やルールは板書していつでも見ることができるよう

にします。繰り返して行うと板書がなくてもできるようになります。
❺**友達とかかわる楽しさを味わわせることで学級の安心感を高める**
　教師が実際にやって見せ，自分を開いてわかりやすく説明することで，すべての子どもが楽しく参加できるようにします。

2　リーダーシップを発揮して

❶**教師がリーダーシップを発揮し，自分の気づきを自己開示する**
　低学年では教師主導でエクササイズを進めます。わかりやすく具体的なインストラクションを行い，すべての子どもが参加できるようにします。
❷**エンカウンターの活動になじめない子どもへの対応を丁寧に行う**
　うまく参加できない子どもがいても注意したり，怒ったりしません。いろいろなエクササイズを行って，できたことをほめるようにします。
❸**介入を適切に行うことで，友達とかかわるマナーやルールが身に付くようにする**
　友達の話は目を見て聞く，嫌なことをしたら謝ることなどを指導し，上手にかかわっている子どもを見つけて広めるようにします。
❹**ペアでのシェアリングを行い，友達のよさに気づくようにする**
❺**学習参観で楽しく活動している様子を公開し，保護者の理解を深める**
　学校生活のスタートである低学年では，生活や授業のルールの指導に力が入るため，学級生活を窮屈に感じる子どもが出てきます。子どもたちの指導にエンカウンターを取り入れると，友達とかかわる楽しさを味わうことで，不適応感を和らげることができます。

まとめ
　低学年の子どもはエンカウンターが大好きである。楽しく活動しながら友達とかかわるルールやマナーを身に付けるようにしたい。

2 低学年向け・エンカウンターで学級づくり
②低学年の学級経営にエンカウンターをどう生かすか

 ゲーム性の強い短時間でできるエクササイズを繰り返すことで,人とかかわるルールやマナーを楽しく身に付けるようにする。

　低学年では「言って聞かせる」指導が多くなります。一斉指導が得意で指導力のある教師ほどその傾向は強く,子ども同士の人間関係づくりがおろそかになってしまうことがあります。エンカウンターを取り入れると,実際にかかわりながら温かく,安心感のある関係づくりを進めることができます。

1 あいこジャンケン

●おススメのポイント

　学期始めや少し時間が余ったときに行うと盛り上がるジャンケンゲームです。担任が普段はあまり声をかけない子どもにかかわるきっかけになります。

●ねらい

　担任とふれ合うことで,学級に肯定的に認め合う雰囲気をつくり出す。

●板書(始める前に板書しておく)

　あいこジャンケン

　ねらい=先生ともっとなかよくなる

●活動の進め方(教師のコメント)

①みなさんに先生の気持ちを想像してほしいのです。ジャンケンをして確かめます。先生と同じのを出してください。

②5回やるので,何回あいこ(同じ)を出せたかを数えてください。最初はグー,ジャンケンポン。

●留意事項

①「同じジャンケンを出してくれたことを喜ぶ」「違っていることを残念がる」などのフィードバックを行い,子どもの参加意欲を高める。

2 おはようジャンケン

●おススメのポイント

　友達同士であいさつのポイントを守ってできるようにするためのエクササイズです。朝の会で一斉に大きな声であいさつができるようになったら取り入れます。続けて行うとあいさつが上手になります。

●ねらい

　「おはようございます」のあいさつのポイント（「大きな声」で「はっきり」言う）を教え，それを友達と体験することで，相手も自分も気持ちのよいあいさつができるようになる。

●板書（始める前に板書しておく）

　おはよう名人になろう「おはようジャンケン」

　ねらい＝「おはようございます」を大きな声ではっきり言えるようになる

●活動の進め方（教師のコメント）

①相手を見つけてジャンケンします。

②勝った人は負けた人に「おはようございます」とあいさつします。

③負けた人は，そのあいさつが，「大きな声」で「はっきり」していたら，腕と手で大きく〇，ダメだったら×を出します。〇がもらえるまで何回でも言います。

④〇を出したら，負けた人からも「おはようございます」とあいさつをし，別れて次の相手とジャンケンします。

●留意事項

①ジャンケンで負けた子どもが判定で出す〇や×のジェスチャーは，恥ずかしがらずに大きな動作で行うように指導します。

②デモンストレーションで教師が大きな動作で〇や×のジェスチャーを行って見本を示します。

③繰り返して行う場合は，同性同士，異性同士，まだジャンケンをしていない人など，条件を変えて行います。

3 中学年向け・エンカウンターで学級づくり
①中学年でエンカウンターを行う際のポイント

 子ども同士のシェアリングを行うようにし，グループでの活動を取り入れ，教師が参加的なリーダーシップを発揮して進める。

1 「間」を増やす

　中学年では，低学年までの自分の周りの比較的小さな世界から友達を含めた大きな世界に変わっていきます。ギャングエイジと呼ばれ，群れて遊ぶことができるようになります。ところが今の子どもは，「時間」「空間」「仲間」の3つの「間」がないために群れて遊ぶことがなくなったと言われます。

　学級ではエンカウンターを取り入れ，①自分の気持ちを言葉で伝える，②相手の気持ちを言葉で尋ねる，③友達と一緒に活動することで「仲間」と「時間」の「間」を増やします。そして友達と一緒に協力して活動できるようにします。

◆ポイント1

　中学年でのエンカウンターは，友達との関係を深めるエクササイズを行い，シェアリングを行うことで友達のよさに気づくようにする。

2 友達との関係を深めるエクササイズを

❶子ども同士の人間関係を深めることを大切にする

　友達にかかわる，友達を思いやる活動を増やします。3～4人の活動ができるようにします。

❷互いのことを知り，つながる楽しさを味わうエクササイズを選ぶ

　自分のことを語り，友達の考えを聞くエクササイズを多くします。つながる楽しさを知ることで子どもたちの関係は深まります。

❸温かい言葉遣いやあいさつのよさを実感するエクササイズを行う

　言葉遣いが乱れてくるのは中学年からです。温かい言葉遣いの心地よさを感じさせ，実際につかえるようにします。

❹特別活動や道徳の授業にエンカウンターを取り入れる

❺友達とかかわる楽しさを味わわせることで学級の安心感を高める

　教師が実際にやって見せ，自分を開いてわかりやすく説明することで，すべての子どもが楽しく参加できるようにします。

❻子どもに提案する形で実施し，教師の気づきを自己開示する

　ねらいを伝え，エンカウンターを実施することを提案して行います。教師の思いや気づきを子どもたちに伝えるようにすることが大切です。

❼発達障害傾向や個別の配慮の必要な子どもへの対応を丁寧に行う

　具体的でわかりやすいデモンストレーションを行い，子どもたちのエンカウンターの活動に対する不安や心配を減らすようにします。

❽介入を行うことで，学級生活のルールやマナーが身に付くようにする

　エンカウンターを行っているときのトラブルは指導のチャンスです。トラブルを見つけ，解決することで学級生活の不安を減らします。

❾グループでのシェアリングを行い，友達のよさに気づくようにする

❿仲よく友達とかかわっている様子を公開し，保護者の理解を深める

　中学年の子どもは，教師への心理的依存が残っており，小グループで遊ぶことを好みます。まだ自己中心的な行動が残っている子どもたちが，エンカウンターで友達とかかわる体験を積むことで，人間関係を広げ，人とかかわるルールやマナーを身に付けるようにします。

まとめ

　中学年では友達とかかわるルールやマナーを身に付け，人間関係を広げるためにエンカウンターを取り入れる。

4 中学年向け・エンカウンターで学級づくり
②中学年の学級経営にエンカウンターをどう生かすか

中学年では，互いのことを知り，つながる楽しさを味わうエクササイズを行い，友達とかかわる楽しさを味わわせる。

① 一緒に遊ぼう！

●おススメのポイント
　友達を誘ったり，誘われたりすることが苦手な子どもがいます。このエクササイズを行うと休み時間に「一緒に遊ぼう！」という声がたくさん響くようになります。
●ねらい
　友達に誘いの言葉をかけると相手がどんな気持ちになるかに気づき，友達を誘う言葉かけができるようになる。
●板書（始める前に板書しておく）
　「いっしょに遊ぼう！」
　ねらい＝友達を仲間に誘うことができるようになる
　言うこと（勝った人）＝「〇〇さん，いっしょに遊ぼう！」
　ルール＝①相手の顔を見る　②はっきり聞こえる声で言う　③笑顔で言う
　負けた人＝〇，×で判定し，「ありがとう。いいよ！　いっしょに遊ぼう」と言ってハイタッチする
●活動の進め方（教師のコメント）
①相手を見つけてペアになり，ジャンケンをします。勝った人は負けた人に「〇〇さん，一緒に遊ぼう！」と言って誘います。
②負けた人は，ルールを守って言っているかどうかを判定します。
③〇だったら「ありがとう。いいよ！　一緒に遊ぼう」と言って二人でハイタッチします。

2 がんばれジャンケン

●おススメのポイント
　学習発表会などの行事では「めあてカード」を使って一人一人に目当てをもたせます。自分の目当てを話したり，友達の目当てを聞いたりすることで子どもたちの行事に対するモチベーションは高まります。

●ねらい
　学習発表会でがんばることを話し，相手から「がんばれ！」と励ましてもらうことで，学習発表会へのやる気を高める。

●板書（始める前に板書しておく）
　がんばれジャンケン
　ねらい＝学習発表会でがんばることを話し，はげましてもらう
　勝った人＝「私（僕）が学習発表会でがんばることは，○○○○○です」と話す
　負けた人＝「がんばれ！」と言って拍手する

●活動の進め方（教師のコメント）
①ジャンケンをして勝った人は負けた人に「私（僕）が学習発表会でがんばることは，○○○○○です」と話します。
②負けた人は，その話を聞いたあと，「がんばれ！」と言いながら励ましの拍手をしてあげます。
③励まされた人は，「ありがとうございました」とお礼を言います。そして別の友達を見つけてジャンケンを続けます。

●留意事項
①始める前に，自分のがんばることを確認します。がんばることが思い浮かばない子どもは，「学習発表会がんばります」だけでもいいことにします。
②「がんばれジャンケン」で負けた人が，「がんばれ！」と言って拍手してあげることが相手の力になることを話し，大きな声でしっかり拍手するように指導します。

5 高学年向け・エンカウンターで学級づくり
①高学年でエンカウンターを行う際のポイント

 教師や子どもが自己開示する場面を増やし，全体での活動を多く取り入れ，委任的なリーダーシップを発揮して進める。

1 自分をひらくエクササイズを

高学年には，嫌悪，不快といったネガティブな感情は表情や態度で露骨に表すけれど，喜び，感謝といったポジティブな感情は表せない子どもがいます。また自分なりに考えたことを主張したり，自己決定したがったりします。このような高学年の子どもには，エンカウンターで自分を開くエクササイズを経験させることで自己肯定感を高め，よりよい関係を築くようにします。

◆ポイント1

高学年でのエンカウンターは，気持ちを語り，自分を開くエクササイズを行うことで思いやりの気持ちを育てる。

2 自分のよさや高まりを感じさせるエクササイズを

❶思いやりの気持ちを育て，温かい人間関係を築くことを大切にする

ネガティブな反応をする子どもに友達からの温かい言葉のシャワーをかけることで，穏やかな対応ができるようにします。

❷自分の気持ちを語り，自分を開く楽しさを味わうエクササイズを選ぶ

エクササイズ後に全体でのシェアリングを行うことで，集団としての高まりを実感するようにします。

❸互いの高まりや学級集団のよさを実感するエクササイズを行う

誰かに支えられていることに気づかせ，友達や下級生のために役立ちたいと思う気持ちを育てるようにすることが大切です。

❹教科の授業など，いろいろな場面にエンカウンターを取り入れる
❺弱い子どもへの配慮や声かけを行うことで学級の安心感を高める
　教師がルール破りを見逃さず，介入を行うことで，すべての子どもが安心して楽しく参加できるようにします。
❻子どもに相談する形で実施し，教師の気づきを自己開示する
　高学年の子どもは教師の言うことを鵜呑みにすることはありません。子どもの自主性を大切にしながらエンカウンターを行うようにします。
❼孤立傾向で集団になじめない子どもへの対応を丁寧に行う
　文章では感情豊かに表現するのに，話し言葉ではうまく表現できない子どもがいます。そのような子どもが自分のよさに気づくようにします。
❽介入を行うことで，不安の小集団をつくらせないようにする
　幼く，上級生としての自覚がなく，いつまでも自由気ままで勝手な行動をとってしまう子どもが増えています。ルール破りを見逃さず，介入をきちんと行うことで，ルールを守り，安心して友達とかかわるようにします。
❾いろいろな形のシェアリングを行い，多様な気づきにふれるようにする
❿学級懇談会などにエンカウンターを取り入れ，保護者の理解を深める
　小学校高学年になると自分は何でもやれる，何にでもなれるといった万能感は消え，自分の現実に沿った自己イメージを形成するようになります。客観的自己意識が芽生えてくる高学年の子どもたちには，エンカウンターで自分や学級のよさや高まりを感じさせることが大切です。価値観を交流させ，人とかかわる大切さに気づかせるようにすることで子どもは大きく伸びていきます。

まとめ

　高学年では，気持ちを語り，自分を開く楽しさを味わうエクササイズを行い，互いの高まりや学級集団のよさを実感させる。

6 高学年向け・エンカウンターで学級づくり
②高学年の学級経営にエンカウンターをどう生かすか

高学年では，気持ちを語り，自分を開く楽しさを味わうエクササイズを行い，互いの高まりや学級集団のよさを実感させる。

1 ○○さん（君）のよいところ

●おススメのポイント

　高学年では友達のよいところを話すことや自分のよいところを友達から言われることに抵抗を感じる子どもが増えます。このような状態をそのままにしておくと，友達との心の垣根はどんどん高くなっていきます。

●ねらい

　友達と互いのよいところを伝え合うことで，自分の長所に気づき，自己肯定感を高める。

●板書（始める前に板書しておく）

　○○さん（君）のよいところ

　ねらい＝友達のよいところをしっかり伝える

　話し方＝「○○さん（君）のよいところは，□□□です」（2回行う）

●活動の進め方（教師のコメント）

①四人組をつくり，ジャンケンをして，一番勝った人を決めます。

②ジャンケンで負けた人は，勝った人にその人のよいところを伝えます。順に2回まわします。同じことを2回繰り返し言ってもよいことにします。

③よいところを言ってもらった人は，「ありがとう」とお礼を言います。

④このようにして一人ずつ順に行います。

●留意事項

①帰りの会などに班で学級生活の中から友達のよいところを見つけ，話し合う活動を行います。

❷ ○年○組　1学期　ここが最高！

●おススメのポイント

　学期末には一人一人ががんばったことやできるようになったことを振り返ります。ところが学級としてよくなったことを話し合うことは滅多にありません。このエクササイズを通して学級の成長を考えることで，自分たちがかかわっている委員会活動や学校全体のよさに気づくことにつながります。

●ねらい

　1学期のクラスを振り返り，がんばったことやできるようになったことを話し合うことで，肯定的な雰囲気と学級への帰属意識を高める。

●板書（始める前に板書しておく）

　○年○組　1学期　ここが最高！
　ねらい＝自分たちのクラスのよいところを見つけ，学級のよさを知る
　聞くこと＝「1学期の○年○組で最高だと思うことは何ですか？」
　ルール＝話を聞いたあとに拍手をする

●活動の進め方（教師のコメント）

①四人組でジャンケンをして，一番負けた人を決めます。
②一番負けた人は，自分の右隣の人に「1学期の○年○組で最高だと思うことは何ですか？」と質問します。
③質問された人は，クラスで1学期にがんばったことやできるようになったことを1つ詳しく話してください。友達のことを話してもよいです。
④他の人は，うなずきながら聞き，話が終わったら，みんなで拍手をしてあげましょう。このようにして順に質問をしていきます。

●留意事項

①実施する数日前から，帰りの会などでクラスのよくなったことを話し合う場面を設けます。否定的な子どもには個別に事前指導します。
②担任が自分が感じているクラスのよいところを話し，学級のよいところや友達のがんばりを見つけるように促します。

7 エンカウンターを入れた学級づくり年間プログラム

学校生活の節目や行事,年間生活目標に合わせてエンカウンターを行う年間プログラムをつくることで,無理なく効果的に学級づくりを進める。

◆ポイント1

節目にめあてやがんばりを伝えたり,聞いたりするエンカウンターをプログラムすることで,やる気を高め,達成感を味わうようにする。

1 学校生活の節目を生かすプログラム

　学校生活には,入学式や始業式,終業式や卒業式などの節目があります。このような節目に子どもは新たな気持ちになり,新しい自分に向かって進み始めます。これまで学期始め,学期末,年度末などの節目の指導としては,めあてカードに書かせて振り返るという活動を行ってきました。

　このような通常の取り組みに加えて,エンカウンターを取り入れることで節目を生かして成長を促すようにします。友達と互いにエールを送り合う活動を行うことで肯定的に認め合う学級の雰囲気を高めることができます。

2 学校行事を盛り上げるプログラム

◆ポイント2

互いのめあてを話し,励まし合うエンカウンターをプログラムすることで行事への参加意欲を高めるようにする。

　全校で取り組む学習発表会などの行事では,児童会などで「みんなで心を合わせ,精一杯の発表をしよう」等のテーマを決め,めあてに向かってがんばっています。用意されたカードに自分のめあてを書き,途中の練習の様子

を自己チェックし，行事が終わってから振り返っています。

　このような行事では，互いのめあてやがんばりを知ったり，励まし合ったりすることで活動への意欲が違ってきます。このことはわかっていても時間がないためにカードに書かせてすませることが多くありました。短い時間で行えるエンカウンターのエクササイズを行うことで，行事に向かって一人一人がめあてを自覚し，自分のめあてを達成するようになります。

３　生活目標とタイアップしたプログラム

◆ポイント３
　学校の生活目標とタイアップしてエンカウンターを行うことで，すべての子どもが楽しく参加できるようにする。

　学校では目指す子どもの姿を決め，①あいさつを交わそう，②温かい言葉遣いをしよう，③毎日，家庭学習をしようなど，具体的な生活目標を設定して取り組んでいます。エンカウンターによる学級づくりのプログラムは，学校の生活目標とタイアップして進めることで効果を高めることができます。

　たとえば，生活目標の月目標「大きな声であいさつを交わそう」に合わせて「おはようジャンケン」「さよならジャンケン」「目と目のあいさつゲーム」などのエクササイズを学級づくりとしてプログラムするのです。月目標には学校全体で取り組んでおり，めあてカードを使うことができるので，効率的に指導を進めることができます。

まとめ
　行事や生活目標など学校全体の動きに合わせてエンカウンターのプログラムを作成することで，無理や無駄のない学級づくりを進めることができる。

5章 「学級開き」におススメのエンカウンター

1 黄金の3日間で取り組むこと

 最初の3日間はエンカウンターを取り入れた出会いの活動をあらかじめ計画を立てて準備する。

　4月の年度当初は,「黄金の3日間」「ルール確立の10日間」「ルール定着の1か月」を意識して取り組むことで,学級づくりのスタートダッシュをかけます。最初の3日間は,学級担任がしなければならないことが多く,あっという間に過ぎてしまう時期です。スタートの3日間の計画を立てて取り組むことが学級づくりではとくに大切です。

◆ポイント1

「元気なみんなを担任できてうれしい」「笑顔が素敵な人がたくさんいる」など,これから1年間一緒に生活できるうれしさを伝える。

1 「新しい学級,担任は楽しい」と期待がふくらむ活動を行う

　今度の新しい担任,持ち上がりの学級であれば今年の担任は,学級を楽しくしてくれそうだという期待が膨らむ活動を行います。

❶第1日目に全員と握手(ハイタッチ)する

　「今日は帰りの会のあと,○年○組の一人一人と今年1年一緒に頑張ろうという気持ちを込めて握手(ハイタッチ)をしたいと思います。恥ずかしいと思う人がいるかもしれませんが,よろしくお願いします」子どもが帰るときに一人一人に「よろしく」「がんばろう」「うれしいよ」「ありがとう」などと声をかけながら握手やハイタッチを行います。

❷朝の会や帰りの会で「質問ジャンケン」をする

　「友達のことをもっと知るために質問ジャンケンをします。席の隣の人とジャンケンをします。勝った人は負けた人に1つだけ質問ができます。質問

する内容は，黒板の例を参考にしてください」ペアの相手や質問内容を替えて数日間続けます。男女のペア活動も取り入れます。

❷ 出会いに心を込め，ふれ合いをつくり出す

❶これから１年間一緒に生活できるうれしさを子どもに伝える
①自己開示型
　担任が子どもたちについて思っていることや感じていることを語りかけます。
　「みなさんの１年生のときの様子を何回か見ました。そのとき，きちんとした態度でしっかりした人が多いと思っていました。そんなみなさんの担任になって本当にうれしいです。先生と一緒に素敵な学級をつくりましょう」
②過去振り返り型
　子どもたちのこれまでの様子を振り返りながら語りかけます。
　「みなさんが４年生のときの授業や生活の態度でよかったことを思い出してください。ひょっとして，あまり思い浮かばない人がいるかもしれません。先生はあなたたち一人一人がとても素晴らしい力をもっていると思っています。授業や生活態度でほめられる５年生になるようにみなさんと一緒に力を合わせていきたいです」
③夢・希望型
　子どもたちのこれからの成長やがんばりに期待を込めて語りかけます。
　「６年生を担任するのは５回目です。先生はあなたたちが胸を張って卒業できるように一生懸命頑張ります。そして，これまでで一番の卒業生になってほしいと思っています」

❷出会いの喜びや抱負を話し合い，決意や気持ちを掲示する
①抱負や決意を語る機会を設ける
　自分の趣味や抱負だけでなく，学年でがんばりたいことや学級に望むことなどを発表する機会をつくります。カードに書かせ，エンカウンターのエクササイズを活用して楽しく行います。

②出会いの喜びを掲示する

　学級のみんなで記念写真を撮影し，進級の喜び，友達や担任教師との出会いの印象を書かせて掲示します。

③進級の喜びを家族に語る

　家庭で親や家族に新しい学年での決意や気持ちを話す宿題を出します。次の日には，そのことを話し合う時間を設けます。

3　学級をみんなの居場所にすることを話し合う

❶担任がみんなの安心・安全を守ることを話す

①友達を傷つける言葉遣いは許さないことを伝える

　「先生は○年○組を一人一人が安心して過ごすことができるクラスにしたいと思っています。そのために友達を傷つける言葉は許しません。友達の気持ちを温かくする言葉があふれる○組にしたいのです」

②不安の小集団をつくらせないように友達とふれ合う場面を設ける

　「みなさんは，今，○年○組に何人の友達がいますか。まだ，決して多くないと思います。先生は男女関係なく，友達をたくさんつくって欲しいのです。そのためにペアやグループで友達とふれ合う活動を多くしたいと考えています」

　ここで取り入れたいのが，出会いをつくり，深めるエンカウンターのエクササイズです。そして友達とのふれ合いを楽しむ雰囲気をつくります。

◆ポイント2

　ふれ合いをつくり出し，教師の笑顔で安心感をつくることで子どもが学級を居場所と感じるようにする。

❷学級を居場所にするために取り組むことを話し合う

①教師が笑顔力（えがおぢから）を使って子どもとのふれ合いを深める

　笑顔力スキルアップ・カードを用いて，第１日目から子どもに笑顔で接するようにします。

②帰りの会で互いのよかったことを語り合う時間を設ける

　エンカウンターのエクササイズを取り入れ，ペア，グループ，全体など，いろいろな形で語り合うようにします。
③学校や学年の行事，学習内容を知らせる
　学期ごとの行事とめあてを掲示し，見通しをもって生活することを話し合います。

笑顔力（えがおぢから）スキルアップ・カード

笑顔力 チャレンジ 5 days 氏名

笑顔力にチャレンジする日を決めて，笑顔力を鍛えましょう

	① 月 日（ ）	② 月 日（ ）	③ 月 日（ ）	④ 月 日（ ）	⑤ 月 日（ ）
1. 子どもとの挨拶（「おはよう」「さようなら」）は笑顔で行う。・教師が笑顔の挨拶の手本を示す。	①	②	③	④	⑤
2. 朝の会や帰りの会で教師が笑顔で話す場面を作る。・笑顔で話すことで子どもに安心が生まれる。	①	②	③	④	⑤
3. 1時間の授業で1回以上，子どもの変化や努力を見つけ，笑顔で嬉しそうに伝える。・授業の始めや終わりなどに，笑顔で話す場面を作る。	①	②	③	④	⑤
4. 注意したり，叱ったりした後は，そのことを引きずらないで話題を変え，笑顔で話す。・注意したり，叱ったりした後のケアーをきちんと行う。	①	②	③	④	⑤
5. 子どもの笑顔を見つけて伝えることで，笑顔のよさを広める。・「〇〇さん，嬉しいことがあったようです。みんなにどんなことか話してくれるかな」　子どもが喜んでいることを見つけ広めることで，学級に温かい雰囲気が生まれる。	①	②	③	④	⑤
	① 小計 2 0	② 小計 2 0	③ 小計 2 0	④ 小計 2 0	⑤ 小計 2 0

◆評価記入の仕方
　1 できなかった　2 すこしできた
　3 できた　　　　4 よくできた

総合得点　１００

◆総合得点　71～85点＝笑顔力の名人　　86～100点＝笑顔力の達人

教師の笑顔が安心感を生み，学級の温かい関係づくりの原動力となる

水上和夫 著

まとめ

　エンカウンターを取り入れ，黄金の３日間で新しい学級や担任が楽しく，安心・安全であることを実感させる。

2 ルール確立の10日間で取り組むこと

 担任が主導し，子どもたちと話し合って学級の実態や学年の発達段階に合った目標やルールをつくる。

　ルール確立の10日間では，子どもの願いを取り入れた「理想の学級」の状態を確認して学級目標を設定し，達成するためのルールを決めます。

1 子どもたちと話し合い，学級目標を決める

❶担任の決意や思いを語る
①学級を担任する教師の決意を語る
　「〇年〇組で一人一人が自分の可能性を伸ばして欲しい。そのために，みんなで成長していきたい。先生はこの学級で３つのことは許しません。１つ目はいじめ。２つ目は命を危険にさらすこと。３つ目は本気で取り組まなかったり本気でやっている人を馬鹿にしたりする態度です」
②学級目標に対する担任の思いを語る
　「この３日間，みんなと生活して『しっかりやろう』『もっとよくなりたい』という気持ちが伝わってきました。目標のない集団は成長しません。先生は，〇年〇組を一人一人が安心して過ごせる学級，互いの力を認め合い，励まし合って伸びていく学級にしたいと思っています。そのために〇年〇組の学級目標をつくります」

◆ポイント１
　担任の学級づくりへの思いや決意を語り，わかりやすく具体的な学級像を示して学級目標を決める。

❷子どもたちに学年・学級像を示す
①「どんな学級にしたいか」についてアンケートをとる

アンケートには，①楽しく生活するために，②一人一人が伸びていくために，③授業に真剣に取り組むために等の項目を設け，考えたこととその理由を書くようにします。アンケートは教師が集め，子どもに示す学級目標の参考にします。

②具体的な学級目標を示して話し合う

　アンケートを参考に担任がまとめた学級目標を示して話し合います。
　・自分の意見を堂々と言える学級　　・明るい笑い声が響く学級
　・男女仲よく協力する学級　　　　　・進んで物事に取り組む学級　など

③ペアやグループで意見交換させて学級目標を決める

　学級目標は多数決では決めません。ペアやグループで子どもたちに話し合わせ，意見を充分に出すようにします。そして自分たちで話し合って決めたと納得して受け入れるようにします。

2 新しいシステムづくり

　朝の会，帰りの会の進め方，授業の前後のあいさつ，給食の配膳などの新しい学年でのやり方を指導します。毎日行う活動は定型化・パターン化することで，きちんとできるようにします。

❶朝の会，帰りの会の進め方，授業の前後のあいさつ

①朝の会，帰りの会の進め方

　最初の朝の会や帰りの会から担任が進行表を用意し，進行の仕方を示して取り組みます。進行がうまくできたり，態度よく参加できたりした子どもを見つけ，認め，ほめる声かけをします。

②授業の前後のあいさつ

　どのようにあいさつするかを指導し，全員ができるようにします。学習の準備ができているか，姿勢正しく視線が前を向いているかを毎回確認します。そして，きちんとできている子どもを見つけるようにします。

③給食の配膳

　学校で決められている配膳の仕方を確認し，最初の給食からできるように

します。きちんと配膳をやらない子どもやルールを守らない子どもを見逃しません。担任が立ち会い，決められたやり方ができているかを確認します。

❸ 学級生活のルールづくり

問題が起きてから決めるのではなく，学級づくりのスタートから学級生活のルールを決めて取り組むようにします。
①他者とかかわる際のルール
　「誰とでもあいさつしよう」「温かい言葉遣いをしよう」「友達を励まそう」「思いやりを示そう」「友達を傷つける言葉遣いはやめよう」など
②集団生活を送るためのルール
　「時間を守って行動しよう」「後始末をきちんとしよう」「物を大切にしよう」「しっかり話を聞こう」「チャイムが鳴ったら着席しよう」など
③みんなで活動する際のルール
　「仲間はずれをつくらないようにしよう」「きちんと整列して移動しよう」「友達のよいところを見つけよう」など

> ◆ポイント2
>
> 　学級目標の実現に向けて取り組む，授業や学級生活のルールを決め，黒板や教室の前面に掲示する。

❹ 授業のルールづくり

学校生活で一番長い時間過ごしているのは授業です。学級生活は授業生活であると言っても過言ではありません。ですから学級づくりで最優先に取り組まなくてはいけないことは，「授業の秩序づくり」です。授業のルールを決め，みんなができる体験を積み重ねるようにします。
①聞くこと
　「話はしゃべらずに聞く」「話している人の方を向く」「集中して聞く」「賛成，反対，同じ，違うなど，自分の考えと比較しながら聞く」「ペアやグル

ープでは，うなずいて相手が話しやすいように聞く」など
②発言すること
　「発言は挙手して行う」「起立して発言する」「適切な声の大きさで発言する」「冷やかしやからかいは言わない」「指名されても答えられない場合はパスできる」など
③学習用具を整えること
　「授業が始まる前に教科書，ノート，資料などを準備する」「準備が全員できているかを確認して授業を始める」「不必要な物は机上に出さない」「忘れ物をした場合は教師に届ける」「後始末をきちんとする」など
④ノートの書き方や板書の写し方
　「ノートには授業の日付を書く」「ボールペンは使わない」「指定されたノートを使う」「板書を写すだけでなく，自分の意見，考えも書く」など
⑤家庭学習のやり方，進め方
　「○時間以上家庭学習に取り組む」「提出物が遅れた場合は届け出る」「家庭学習はテレビを消し，静かな場所で行う」など

　ルール確立の10日間では，たくさんのルールに取り組まなくてはいけないように見えますが，そうではありません。子どもたちの様子を見て，今取り組むルールを絞り込むことが大切です。そして黄金の3日間で行っていたエンカウンターなどの活動を続け，関係づくりをしながらルールづくりに取り組むようにします。

まとめ

　ルール確立の10日間では，子どもたちの人間関係づくりを進めながら，ルールを絞り込んで取り組むようにする。

3 ルール定着の1か月で取り組むこと

 授業や生活のルールやシステムを決め，粘り強く取り組むことで1か月で定着させる。

　学級づくりスタートの1か月間は授業や活動を進めるだけでなく，ルールやシステムの定着の指導に時間をさくようにします。活動前にルールの確認を行い，活動後にルールが守れたことを認めるようにします。教師がルール定着への真剣な姿勢を見せながら，ルールを守ることで安心して友達と楽しくかかわることを実感するようにします。
　この時期も朝の会や帰りの会，授業でエンカウンターの活動を続けます。温かい人間関係づくりをしながらルールの指導を進めます。

◆ポイント1
　エンカウンターの活動を続けながら，ルールの確認を丁寧に行い，ルールを守って活動する経験を積み重ねる。

1 授業で取り組むこと

　取り組む授業ルールを決めて，できるようになったことを学級全体で確認します。担任はできたことを認め，ほめることを続けます。そのルールが学級の80％以上できるようになったら，次に取り組む新たなルールを決めて定着に取り組みます。授業のルールを確立することで子どもが安心して学習に集中できるようにします。

❶話はしゃべらずに聞く
　授業で私語は許さない姿勢をとることで，1か月で聞く姿勢を定着させます。私語をしていないときをみつけ，うれしい気持ちを伝えるようにします。

❷冷やかしやからかいを言わない
　冷やかしやからかいを許さない毅然とした姿勢を子どもに見せます。冷やかしやからかいの言葉は聞き流さず，何回でも丁寧に指導します。注意だけで終わるのではなく，指導した子どものがんばっているところやこれからよくなることを期待する言葉を付け加えます。
❸授業が始まる前に教科書，ノート，資料を準備する
　授業前に確認を繰り返すことで全員が準備ができるようにします。隣同士のペアで確認し，互いに認め合う活動を取り入れると効果的です。

2　日直，給食，清掃で取り組むこと

　「なまけ」や「ずる」を許さず，真面目に取り組んでいる子どもを認めることで，全員が前向きに当番活動に取り組むようにします。
❶日直の仕事は担任が決める
　①男女1名の2名で行う，②朝の会の司会，③授業の号令，④授業後黒板を消す，⑤帰りの会の司会，⑥学級日誌の記入などの日直のやり方を決め，徹底するようにします。日直が一回りするまでは，約束通り行っていることを確認します。約束通り行っていない場合は必ず指導します。
❷給食当番の役割分担表を作成し，きちんと行っているかを確認する
　配膳台用意，お盆・箸配布，盛り付け，牛乳配布，配膳台運搬など，学校で決まっている役割分担を確認します。いつも同じ子どもが同じ仕事をしていることのないように定期的にローテーションさせます。当番だけ決めて，あとは子ども任せにするようなことはしません。
❸清掃当番の役割分担を決め，定期的にローテーションさせる
　学校で決まっている清掃の進め方の役割分担を確認します。仕事が公平に行われるように定期的にローテーションさせるようにします。

3　班づくり，係分担，席替え・座席配置で取り組むこと

❶班，係，席は男女混合を原則とし，時期，回数などを決める

5章　「学級開き」におススメのエンカウンター　83

メンバー構成は子どもの希望を聞いてもよいですが，男女混合などのメンバーの条件，変更する時期，回数などは譲らないようにします。「嫌だ」「やりたくない」などの声があっても教師はぶれないようにします。
　システムやルールは，決めた教師の思いをわかりやすく丁寧に説明します。子どもが納得して受け入れるようにします。システム通り動いているかをチェックし，子どものわがままを許さないことが大切です。

4 休み時間など学級生活で取り組むこと

❶悪い言葉遣いは見逃さずに毅然とした態度で指導する

　最初の1か月は言葉遣いの指導を徹底します。エンカウンターのエクササイズ「おはようジャンケン」「フワフワ言葉ジャンケン『どうしたの？大丈夫？』」などを行って，友達とかかわりながら言葉遣いを指導します。悪い言葉遣いを注意しないことは，その言葉遣いを許したことになります。よい言葉遣いはほめ，悪い言葉遣いはきちんと指導することを続けます。

5 ルールに従わない子どもに対する指導

◆ポイント2

　ルールに従わない子どもには，目力（めぢから）を使って目を合わせ，よい関係づくりをしながら進める。

　ルールに従わない子どもには，本人に受け入れられる指導を工夫します。目を合わせ，よい関係づくりをしながらルールの指導を続けます。個別の対応策をあらかじめ考えておくことが大切です。

❶目力（めぢから）を鍛える

　このような指導を行うときに大切なのが教師の目力です。子どもの目を見る，子どもと目を合わせることから関係づくりは始まります。子どもや学級集団を指導するために目力を鍛えるようにします。目力スキルアップ・カードを用いて，子どもに接することでスムーズに指導できるようになります。

「みんなの目が先生とつながっています。素晴らしい」とルールを守っている場面を見つけたり，「背筋が伸びていて気持ちがいいね」と注意や指導の前にほめたりすることで子どもはルールを守るようになります。ルールを守って活動できたうれしさを子どもたちに伝えるだけでなく，「ペアの相手の学習の準備ができていたら互いに拍手しましょう」のようにルールを守って活動できたことを子ども同士で認める場面をつくります。

目力（めぢから）スキルアップ・カード

目力チャレンジ5days　氏名

目力にチャレンジする日を決めて、目力を鍛えましょう

	① 月 日( )	② 月 日( )	③ 月 日( )	④ 月 日( )	⑤ 月 日( )
1. 子どもの目を見て話す。 ・教師が子どもの目を見て話すことで、子どもの聞く意欲が高まる。	①	②	③	④	⑤
2. 子どもの目線を集める。 ・授業の最初や途中、最後に全員の子どもの目線を教師に集める場面を作るようにすると子どもの集中力が高まる。	①	②	③	④	⑤
3. 子どもの目を見て挨拶（「おはよう」「さようなら」）する。 ・教師が目を見て挨拶する手本を示す。	①	②	③	④	⑤
4. 子どもの目を読む。 ・子どもの張り切っている目、満足している目、自信のない目、心配そうな目などに気づき、声かけをする。	①	②	③	④	⑤
5. 子どもに教師の目線を感じさせる。 ・教師が目線を送る、目線を合わせることで、子どもと目線でコミュニケーションできるようにする。	①	②	③	④	⑤
	① 小計 20	② 小計 20	③ 小計 20	④ 小計 20	⑤ 小計 20

◆評価記入の仕方
　1　できなかった　　2　すこしできた
　3　できた　　　　　4　よくできた

総合得点　100

◆総合得点　71～85点＝目力の名人　　86～100点＝目力の達人
目力をうまく使う教師は、子どもや学級集団をつかんで指導を進めることができる

水上和夫 著

まとめ

教師が目力を鍛え，ルールを守っている子どもや場面を見つけ，伝えることでルールの定着を図る。

4　低学年におススメのエンカウンター

 低学年では，「学級開き」のスタートから短時間で楽しくできるエクササイズ行うことで，教師や友達とふれ合い，入学や初めての進級による不安をやわらげ，安心であたたかい学級をつくる。

1　出会いをつくる

❶ひたすらジャンケン

●おススメのポイント

　互いに名のり合ってジャンケンをするだけの活動ですが，子どもたちは夢中で取り組み，いろいろな友達とふれ合っていきます。

●ねらい

　ジャンケンすることで友達とふれ合い，交流を促進する。

●板書（始める前に板書しておく）

　ひたすらジャンケン

　ねらい＝ともだちとなかよくなる

　やりかた＝○○です。□□です。さいしょはグー，ジャンケンポン

●活動の進め方（教師のコメント）

①今から友達とジャンケンをします。最初にお互いに名のり合ってからジャンケンします。では，○○さんと先生でやってみます。

②3分やります。近くの友達とどんどんジャンケンしてください。何回勝ったかを数えていてください。それでは始めます。始め。

●留意事項

①最後に勝った回数を確認することを話し，回数を競わせるようにします。相手を選ばないで，友達とどんどんジャンケンするように指導します。

❷ 先生と仲よく

❶さよなら握手・さよならジャンケン

●おススメのポイント

　年度始め，子どもたちは新しい担任に不安を感じています。担任が一人一人の子どもと握手やジャンケンをすることで，早い段階から教師との関係をつくることができます。

●ねらい

　担任が一人一人と身近に接する機会をもつことで，子どもとの温かい関係をつくる。

●活動の進め方（教師のコメント）

◆さよなら握手

①今日の帰りは先生と握手してさよならをします。

②入り口に先生がいますから，一人一人大きな声で「さようなら」と言ってあいさつしてください。

◆さよならジャンケン①（一人一人バージョン）

①今日の帰りは先生と一人一人がジャンケンして勝った人から帰ります。

②入り口で先生と一人一人ジャンケンします。勝った人は「さようなら」とあいさつして帰ります。負けた人は列の後ろに並んで再挑戦します。

◆さよならジャンケン②（全員バージョン）

①今日の帰りは先生と全員がジャンケンして勝った人から帰ります。

②1回戦。最初はグー，ジャンケンポン。勝った人は立ってください。「さようなら」帰ってください。2回戦。……。

●留意事項

①担任は，目を見ながら笑顔で握手します。「なかよくしようね」「よろしく」「今日は少し疲れたかな？」など声をかけながら行います。

②ジャンケンはオーバーにアクションをして楽しんで行っている姿を見せます。何回も負ける子どもには何を出すか教えてからジャンケンします。

3 みんなと仲よく

❶質問ジャンケン

●おススメのポイント

　隣同士や同じ班などでペアをつくって行うエクササイズです。質問したり答えたりすることで相手との距離が近く感じるようになります。

●ねらい

　友達の話を聞いたり，自分のことを話したりすることで，肯定的に認め合う雰囲気をつくり，交流を促進する。

●板書（始める前に板書しておく）

　　しつもんジャンケン
　　ねらい＝ともだちのことをもっとよくしる
　　ルール＝あいてのはなしをよくきく
　　　　　　あいてがいやなきもちになるしつもんはしない
　　しつもんすることのれい＝・すきなたべもの　・すきなテレビ　など

●活動の進め方（教師のコメント）

①席の隣の人とペアをつくり，ジャンケンをします。勝った人は負けた人に１つだけ質問ができます。負けた人は聞かれたことに答えます。質問する内容は，黒板の例を参考にしてください。自分で考えた質問でもいいです。

②わからなかったり，答えられなかったりしたら，「わかりません」「答えられません」と言ってください。答え終わったら，同じ相手とまたジャンケンをして質問を続けます。

●留意事項

①黒板の質問例は，「特技」「好きな教科」「好きな給食」「好きな色」など，子どもが興味を示す内容を考え，黒板に書いておきます。

②椅子を向かい合わせにし，対面して行います。時間があれば，ペアの相手を変えて２回目を行います。（２分×２回）

4 友達のことを知る

❶私の好きな季節

●おススメのポイント

　春夏秋冬の4つのグループに別れて話し合うエクササイズです。手順を押さえて行えば低学年でも楽しく行うことができます。

●ねらい

　一番好きな季節が同じ者同士でグループをつくり，話し合うことで互いの共通点を見つけ，友達との関係を深める。

●板書（始める前に板書しておく）

　　わたしのすきなきせつ

　　ねらい＝すきなきせつがおなじ人のことをしる

　　話し方＝○○（きせつ）がすきなわけは，□□□□□□だからです

●活動の進め方（教師のコメント）

①あなたが一番好きな季節は春，夏，秋，冬の中でどれですか。一番好きな季節を1つ決めてください。季節を決めたら，その季節が好きなわけを考え，わけが言えるようにしてください。

②まず，好きな季節に分かれます。春の好きな人は教室の前，夏は教室横の前，秋は教室横の後，冬は教室の後に集まります。（集まる場所をわかりやすく具体的に指示）

③輪になって座り，ジャンケンをして一番勝った人から黒板の言い方で好きなわけを話します。ほかの人は話をしっかり聞き，話し終わったら拍手をします。

●留意事項

①デモンストレーションでは，教師の好きな季節とわけを話して子どもたちに拍手させます。

②1つの季節に極端に多く集まった場合は，教師の指示でいくつかのグループに分けます。

5 中学年におススメのエンカウンター

 中学年では,「学級開き」のスタートから楽しく関係を深めるエクササイズを行い,新鮮な気持ちで教師や友達とふれ合うことで安心・安全で子どもの居場所となる学級をつくります。

1 出会いをつくる

❶いろいろ握手

●おススメのポイント

　「指先握手」「片手握手」「両手握手」と抵抗の少ないやり方の握手から順に行うことで,無理なく友達と関係を深めることができます。

●ねらい

　いろいろなやり方で握手をすることで,楽しみながら関係を深め,学級に肯定的に認め合う雰囲気をつくりだす。

●板書(始める前に板書しておく)

　いろいろあく手

　ねらい=あく手して友達ともっとなかよくなる

●活動の進め方(教師のコメント)

①今から教室内を歩き回っていろいろな人と握手します。今日は指先握手です。人差し指の先を合わせて握手をします。互いに名前を言い,「よろしく」とあいさつします。

●留意事項

①1回で順に「指先握手」「片手握手」「両手握手」を行うこともできますが,日を改める方が子どもたちの抵抗は少ないです。

②教師も一緒に握手に加わり,楽しんでいる姿を見せるようにします。

2 先生と仲よく

❶○○先生の名前の意味

●おススメのポイント

　学級開きのとき，教師の自己紹介をエクササイズとして行うことで子どもとの関係を深めます。

●ねらい

　担任の名前やニックネームの由来を想像し，考えることで，子どもが先生のことを知り，関係を深める。

●板書（始める前に板書しておく）

　○○先生の名前の意味
　ねらい＝○○先生の名前やニックネームの意味を考え，先生のことを知る
　先生の名前（ニックネーム）＝○○○○　※発表したときに板書する

●活動の進め方（教師のコメント）

①先生の名前（ニックネーム）は○○○○です。この名前（ニックネーム）には深い意味があります。

②すぐに意味を考えつかない人もいると思います。ワークシートに意味を想像して書いてください（難しい場合はヒントを出す）。

③ペアでどんな意味と考えたかを話し合います。その後，考えた意味をみんなに発表してもらいます。

④それでは，先生の名前（ニックネーム）は○○○○の意味をお話しします。実は……。

⑤先生の名前（ニックネーム）のことを一生懸命考えてくれてありがとう。みなさんと一緒に楽しい学級をつくりたいと思いました。

●留意事項

①名前（ニックネーム）によっては意味が想像しにくいものがあります。難しい場合は，いくつかのヒントを考えておくようにします。

②時間があればペアで自分の名前の由来を話し合います。

❸ みんなと仲よく

❶ホットなおはよう

●おススメのポイント

　友達同士で朝のあいさつをバージョンアップするエクササイズです。続けて行うとあいさつが上手になるだけでなく，友達への思いやりの声かけが多くなります。

●ねらい

　「おはようございます」のあとに気持ちを伝える言葉を付け加えて言うことで，温かいあいさつができるようになる。

●板書（始める前に板書しておく）

　ホットな「おはよう」

　ねらい＝気持ちを伝える言葉を付け加えてあいさつする

　１．勝った人＝「□□さん（△△君），おはようございます」（プラス）
　　　「自分の気持ちを伝える言葉」

　２．負けた人＝〇を出したら「おはようございます」と言う

　　◆気持ちを伝える言葉　①仲よくしようね　②きょうも遊ぼうね
　　　　　　　　　　　　　③きのう○○してくれてありがとう

●活動の進め方（教師のコメント）

①ジャンケンに勝った人は負けた人に，「□□さん（△△君），おはようございます」と言ったあとに，気持ちを伝える言葉を付け加えます。

②負けた人は，あいさつの言葉が温かくて気持ちが伝わってきたら，腕と手で大きく〇，ダメだったら×を出します。

③〇を出したら，負けた人からも「おはようございます」とあいさつします。そして別の相手を見つけてジャンケンを続けます。

●留意事項

①朝の会で毎日１分間，１週間程度続けて行うことで温かい学級の雰囲気をつくりだすようにします。

4 友達のことを知る

❶私の好きな教科

●おススメのポイント

　お互いの好きな教科を知ることで関係を深めることができます。ただしジャンケンする相手が偏っていたり，特定の子どもが避けられたりしないように注意して行います。孤立傾向の子どもも楽しく参加することができます。

●ねらい

　友達の好きな教科や好きなわけを聞いたり，自分のことを話したりすることで他者理解と自己理解を深め，学級の人間関係を向上させる。

●板書（始める前に板書しておく）

　　質問ジャンケン（私の好きな教科）

　　ねらい＝友達のことをもっと知る

　　聞き方＝「あなたの好きな教科は何ですか」

　　答え方＝「私の好きな教科は○○です。好きなわけは○○○○○○です」

●活動の進め方（教師のコメント）

①教室の中を自由に歩きます。口を閉じてしゃべらないでください。

②先生の「始め」の合図で近くの人とペアになり，ジャンケンをします。

③ジャンケンで勝った人は負けた人に，「あなたの好きな教科は何ですか」と尋ねてください。

④負けた人は，「私の好きな教科は○○です。好きなわけは○○○○○です」と答えてください。

⑤話を聞いたら勝った人は，「ありがとうございました」とお礼を言って別れ，新しい相手を見つけてジャンケンを続けます。

●留意事項

①全員が好きな教科とわけを言えることを確認してから活動を始めます。

②最後に何回ジャンケンに勝って質問できたかを聞くことを伝えて，子どもたちのモチベーションを高めます。

6 高学年におススメのエンカウンター

高学年では,「学級開き」のスタートから自分と友達を見つめるエクササイズを行い,互いの思いや考えを尊重しながら活動することができる学級をつくります。

1 出会いをつくる

❶指先でよろしく

●おススメのポイント

　高学年では身体接触を嫌がる子どもがいます。「指先でよろしく」は限定された身体接触を行うことで温かい学級の雰囲気をつくることができます。

●ねらい

　人差し指と人差し指の軽い身体接触を行うことで緊張している心と体をほぐし,心の垣根を低くし,親和的な学級の雰囲気をつくる。

●板書(始める前に板書しておく)

　指先でよろしく

　ねらい＝誰とでもふれ合い,かかわり合うことができるようになる

●活動の進め方(教師のコメント)

①「指先でよろしく」は,人差し指を1本出し,向かい合い,目を合わせながら指の先をくっつけて「ピッタリ」とあいさつします。

②教室の中を自由に歩き回り,出会った人と「ピッタリ」とあいさつします。男女関係なく,いろいろな人とやるようにしてください。

●留意事項

①最初に席の隣同士で行わせます。そのときに同性だけでなく,異性ともやるようにします。その後,教室の中でいろいろな人と行うようにします。

2 先生と仲よく

❶○○（担任名）先生ウォッチング

●おススメのポイント

担任は恥ずかしがらずに中学年のときのことを話します。うまくできたことや得意なことだけでなく，失敗したことや苦手だったことも話すと親近感は高まります。教師と子どもの距離を一気に縮めるエクササイズです。

●ねらい

担任が子どもたちと同じ学年のときのことについての質問に答えて自己開示することで，人となりを知らせ，信頼関係を育む。

●板書（始める前に板書しておく）

　○○（担任名）先生ウォッチング

　ねらい＝○○先生が小学生のときのことを知り，先生と仲よくなる

　聞くこと＝先生が小学○年生のときのこと

●活動の進め方（教師のコメント）

①今日は，みなさんと同じ小学○年生の頃の先生のことを聞いてください。

②先生は，みなさんの質問に一生懸命に答えます。ただし，思い出せなかったり，答えられなかったりするときはパスをさせてください。

③みんながどんな質問をするのか，先生はドキドキしています。それでは先生に質問したいことを隣の人と話し合って１つ決めてください。時間は２分です。

④それでは，質問タイムを始めます。相談して決めた質問をペアのどちらでもいいですから質問してください。

●留意事項

①質問には，答えるのが楽しくうれしいという気持ちを込め，笑顔で話します。１つの質問の答えが長くならないように簡潔に答えます。

②自慢話だけでなく，苦手だったことやできなかったこと，悩んだことも隠さず話すようにします。

③ みんなと仲よく

❶さよならジャンケン

●おススメのポイント

　朝のあいさつの指導はよくします。けれども帰りのあいさつにはそんなに力が入っていないことが多くあります。帰りの会のあとに「さよならジャンケン」を取り入れると子どもたちは温かい気持ちになり，笑顔で下校します。

●ねらい

　「さようなら」のあいさつのポイント（「さようなら」に一言付け加える）を教え，それを友達と体験することで，相手も自分も気持ちのよいあいさつができるようになる。

●板書（始める前に板書しておく）

　さよなら名人になろう　「さよならジャンケン」
　ねらい＝「さよなら」にひと言を付け加えることができるようになる
　つけ加える言葉＝「さよなら。また明日も遊ぼうね」
　　　　　　　　　「さよなら。明日もよろしく」
　　　　　　　　　「さよなら。今日とても楽しかったよ」

●活動の進め方（教師のコメント）

①相手を見つけてジャンケンします。
②勝った人は負けた人に「さよなら。明日また遊ぼうね」と言います。
③負けた人は，そのあいさつがうまかったら腕と手で大きく○，ダメだったら×を出します。
④○を出したら，負けた人からも「さよなら」とあいさつをし，別れて次の相手とジャンケンします。

●留意事項

①1回はきちんと指導しますが，2回目からは付け加える言葉さえ掲示してあれば短時間で行うことができます。「1回ジャンケンに勝ってあいさつした人から下校します」のように回数を指示して行います。

4 友達のことを知る

❶あなたの得意なこと，できること

●おススメのポイント

　得意なこと，できることをグループの友達に話し，拍手してもらうエクササイズです。話の聞き方やエールの送り方が上手になり，コミュニケーションの取り方がうまくなります。

●ねらい

　得意なこと，できることを話したり，聞いたりすることで，自己理解と他者理解を深め，交流を促進する。

●板書（始める前に板書しておく）

　あなたの得意なこと，できることは何（なに）？
　ねらい＝友達のことをもっとよく知る
　聞くこと＝得意なこと，できること
　ルール＝話を聞いたあとは拍手をする

●活動の進め方（教師のコメント）

①席の前後で前の席の人が後ろを向いて四人組をつくります。
②四人でジャンケンをして，一番負けた人を決めます。
③一番負けた人は，自分の右隣の人に大きな声で「あなたの得意なこと，できることは何（なに）？」と質問します。
④質問された人は，自分の得意なことやできることを1つ，なるべく詳しく話してください。他の人は，うなずきながら聞き，話が終わったら，みんなで拍手をしてあげましょう。
⑤話をした人は，今度は自分が右隣の人に質問をしていきます。

●留意事項

①前日の帰りの会で，自分の得意なことやできることを考えておくようにあらかじめ言っておきます。
②得意なことやできることを言えるか確認してから始めます。

6章 「この時期」におススメのエンカウンター

1　1学期におススメのエンカウンター
①出会いの楽しさを味わう

　新しい環境での子どもの緊張と不安を和らげるために、出会いの楽しさを味わう簡単で楽しい活動を行う。

1　友達との出会いの楽しさを味わうエンカウンター

　1学期は子どもたちが何をするにしてもまだ慣れていない状態です。人間関係の緊張や不安が学級内での孤立につながらないように、友達との出会いの楽しさを味わうエンカウンターを取り入れます。この時期にエンカウンターを行うポイントは2つあります。

①エクササイズを行う前に教師が実際にやってみせて、全員がやり方を理解し、活動できるかを確認します。エンカウンターのやり方がわからなかったり、嫌な思いをするのではないかと不安になったりしないように配慮して行うようにします。

②活動に乗れない子どもがいても注意したり、怒ったりしません。楽しく参加している子どもの声を聞くようにすることで、みんながやっているから自分も参加しようと思うようにします。

　何もしていないのに自然に学級の人間関係がよくなることはありません。今の子どもたちにはスタートから緊張と不安を和らげる対応が必要なのです。1学期にエンカウンターを取り入れ、意図的な人間関係づくりを進めることで、学級の雰囲気は大きく変わってきます。

まとめ

　エンカウンターを取り入れ、出会いの楽しさを味わうことで、教師や友達と安心してかかわることができるようにする。

❶相手のことを紹介しよう

●おススメのポイント

　相手のことを他の友達に紹介するエクササイズです。ペアでのかかわりがうまくできるようになったら行います。同じ班や係で行うとチームワークが高まり，友達の輪がぐんぐん広がります。

●ねらい

　友達の話を聞き，その人を他の友達に紹介することで，肯定的に認め合う雰囲気をつくりだし，交流を促進する。

●板書（始める前に板書しておく）

　相手のことを紹介しよう

　話すこと＝「特技」「好きなテレビ番組」「好きな教科」「好きな給食」「好きな色」など

　紹介の仕方＝私の友達の〇〇さんを紹介します。〇〇さんは，……

●活動の進め方（教師のコメント）

①ペアをつくり，自分の好きなことを相手に話します。話すことは黒板の例を参考にしてください。交替して自己紹介します。

②グループになり，今，聞いた相手のことを他の友達に紹介します。聞いた通りに話す必要はありません。覚えていることでいいです。

③話し終わったら，紹介してもらった人は，「ありがとうございました」とお礼を言ってください。順番に話をしていきます。

●留意事項

①デモンストレーションでは教師が子どもとペアをつくり，自分の好きなことを話します。そして相手の子どもに教師のことを紹介してもらいます。このときに紹介の仕方を守ることや覚えていることだけでいいことを確認します。教師は最後に「ありがとうございました」とお礼を言います。

②「うまく言えずに悪かった」「紹介してもらってうれしかった」など，紹介したり，されたりして感じたことをわかち合うようにします。

❷聞きたい，知りたい先生のこと

●おススメのポイント

　子どもは担任のことを知りたいと思っています。けれども怒られるのではないかなどと思って実際に聞くことはありません。教師が質問に答える形で自分のことを語ることで子どもとの距離をぐっと縮めることができます。

●ねらい

　担任が子どものいろいろな質問に答えて自己開示することで，担任の人となりを知らせ，学級の子どもたちとの信頼関係を育む。

●板書（始める前に板書しておく）

　聞きたい，知りたい先生のこと
　ねらい＝先生のことを知り，先生と仲よくなる
　聞き方＝○○先生に質問します。先生は　　　　　ですか？
　　　　（答を聞いたら）「ありがとうございました」とお礼を言う

●活動の進め方（教師のコメント）

①今日は，先生のことで聞きたいこと，知りたいことに答えます。
②先生は，みなさんの質問に一生懸命に答えます。ただし，答えることが難しいときはパスをさせてください。
③黒板の□のなかに入る言葉を考えてください。今までの先生のことを思い出して考えてください。2分間時間をとります。
④黒板に書いてあるやり方で質問してください。それでは質問のある人は手を挙げてください。

●留意事項

①教師は，「○○さんの質問に答えます。先生は○○○○○○です。（ではありません）というのは，……だからです」という話し方で質問に答えます。
②少し失礼な質問には笑顔で対応しながら，「ごめんね。その質問にについては話したくありません」と答えないようにします。

❸心ぴったりあく手

●おススメのポイント
　気持ちのよいあいさつができるようになったときに，さらに関係を深めるために行うエクササイズです。高学年では異性と握手するときに配慮が必要ですが，握手ができるようになると関係がぐっと深まります。

●ねらい
　相手と考えを合わせる活動を通して友達への関心を高め，温かくリラックスした学級の雰囲気をつくる。

●板書（始める前に板書しておく）
　　心ぴったりあく手
　　ねらい＝友達と考えを合わせることでもっと仲よくなる
　　やり方＝①心の中で1か2か3かの数を考える
　　　　　　②あく手をして考えた数だけ手を握りしめる
　　　　　　③二人の回数が合うまで何回でもやり直す

●活動の進め方（教師のコメント）
①相手を見つけてペアになります。
②互いに1～3の数を考え，握手をして「せーの」のかけ声で考えた回数手を握りしめます。二人の数が合うまで何回でもやり直します。
③回数がぴったり合ったら，「やった」と言いながらハイタッチし，別れて次の相手とペアをつくり続けます。

●留意事項
①説明するだけでなく，教師が子どもとペアをつくり実際にやってみせます。「握手は無言で」「数が合うまで何回も」「数が合ったらハイタッチ」などのポイントをしっかり押さえるようにします。
②握手という身体接触を伴う活動なので，学級の実態によっては同性同士から始めるようにします。握手は世界共通のあいさつであることを説明し，恥ずかしがらずに異性とも握手するように指導します。

2　1学期におススメのエンカウンター
②気持ちのよいあいさつをする

　エンカウンターを行うことで，子どもたちがあいさつを意識し，気持ちのよいあいさつができるようにする。

1　あいさつを大切にしたエンカウンターを

　あいさつは多くの小学校で生活目標に取り上げられているテーマです。「大きな声で」「元気よく」「笑顔で」など，具体的な目標を立てて気持ちのよいあいさつができるようにしています。

　あいさつは人間関係づくりの基本です。1学期のうちに気持ちのよいあいさつができるようにすることは，学級づくりとして大切なことです。あいさつは言って聞かせる指導だけでは身に付きません。あいさつの指導にエンカウンターを取り入れ，思ったこと感じたことをわかち合う経験を積み重ねることですべての子どもができるようになります。

　あいさつは毎日行うことなので，指導がマンネリ化して形だけになっていることがあります。エンカウンターを取り入れたいろいろなあいさつの指導法を活用できるようにしたいものです。指導のバリエーションをもっていることが教師の実力となります。

　言葉遣いはあいさつの指導から始まります。子どもがあいさつを意識し，気持ちよくあいさつできるようにすることが，温かい雰囲気の学級をつくることにつながります。

まとめ

　エンカウンターを取り入れた指導を行うことで，気持ちのよいあいさつや温かい言葉があふれる学級をつくる。

❶目と目のあいさつ

● おススメのポイント

　あいさつが大きな声でできるようになったら行いたいエクササイズです。目を合わせることを意識させることで，あいさつだけでなく，日頃のコミュニケーションのとり方も上手になります。

● ねらい

　目と目を合わせて友達とあいさつすることを体験することで気持ちのよいあいさつができるようになる。

● 板書（始める前に板書しておく）

　目と目のあいさつ
　ねらい＝相手の目を見てあいさつができるようになる
　やり方＝相手と目を合わせて「おはようございます」のあいさつをする
　目と目が合ったら人差し指の先を合わせて「ぴったり」と言う

● 活動の進め方（教師のコメント）

①相手を見つけ，目を合わせて互いに「おはようございます」とあいさつします。

②相手が自分と目を合わせて気持ちのよいあいさつをしていると思ったら，親指と人差し指で○をつくります。

③互いに○を出したら，人差し指の先を相手と合わせて「ぴったり」と声をかけます。このときもしっかり目を合わせてください。

④別れて別の相手とあいさつを続けます。

● 留意事項

①教師が子どもとペアをつくり，実際にやってみせます。親指と人差し指で○をつくりOKを出すことや人差し指の先を相手と合わせて「ぴったり」と言うことを確認します。

②目と目を合わせてあいさつして思ったことを聞き，気持ちのよいあいさつに目線が必要なことを感じさせます。

❷あいさつのキャッチボールをしよう

●おススメのポイント

　当たり前のことを当たり前にできるようにするために，あいさつの指導はいろいろなやり方で取り組むことが大切です。マンネリ化しないようにエクササイズを組み合わせて行うようにします。

●ねらい

　あいさつのポイント「相手の目を見て」「大きな声で」に気をつけて「おはようございます」のキャッチボールをすることで，相手も自分も気持ちのよいあいさつができるようになる。

●板書（始める前に板書しておく）

　あいさつのキャッチボールをしよう

　ねらい＝「おはようございます」を「相手の目を見て」「大きな声」で言えるようになる

●活動の進め方（教師のコメント）

①相手を見つけてジャンケンします。

②勝った人は負けた人に「おはようございます」とあいさつします。

③負けた人は，そのあいさつが，「目を見て」「大きな声」だったら，腕と手で大きく〇，ダメだったら×を出します。〇がもらえるまで何回でも言います。

④〇を出したら，負けた人からも「おはようございます」とあいさつをし，別れて次の相手とジャンケンします。

●留意事項

①「今朝，とても上手にあいさつのキャッチボールを投げてくれた人がいました」「みんながあいさつのキャッチボールがうまくなってほしい」など，あいさつを上手になってほしい教師の気持ちを伝えます。

②デモンストレーションのときには，教師が「相手の目を見て」「大きな声」でするあいさつのよさがわかるようにやってみせます。

❸さん・君ジャンケン

●おススメのポイント

　名前を呼び捨てにしているクラスがあります。身近で親しく付き合っているように見えますが，実際には言葉遣いが荒れている場合があります。きちんと「さん」「君」をつけて友達を呼ぶことができるようにすることは正しい言葉遣いの基礎基本です。

●ねらい

　名前に「さん」「君」をつけて呼ぶ練習をすることで，「さん」「君」をつけて友達を呼ぶことができるようになる。

●板書（始める前に板書しておく）

　さん・君ジャンケン
　ねらい＝「さん」「君」をつけて友達を呼ぶことができるようになる
　1．勝った人＝「○○さん（君）」　　2．負けた人＝「はい」
　3．勝った人＝「おはようございます」
　4．負けた人＝「はい」と返事をして，「さん（君）」をつけて呼んでいて
　　　○を出したら「おはようございます」とあいさつを返す

●活動の進め方（教師のコメント）

①相手を見つけてジャンケンします。
②勝った人は負けた人を「さん」「君」をつけて呼びます。
③負けた人は「はい」と返事をします。
④「はい」の返事のあと，○を出したら，負けた人からも「おはようございます」とあいさつをし，別れて次の相手とジャンケンします。

●留意事項

①本エクササイズは月生活目標「友達を『さん』『君』をつけて呼ぶ」などの言葉遣いの強調週間とタイアップして行うと効果的です。
②帰りの会などでは「さん」「君」をつけたことをチェックするだけでなく，「さん」「君」をつけて呼ばれてどう感じたかを話し合うようにします。

3　2学期におススメのエンカウンター
①つながる楽しさを味わう

子ども同士が認め合う場や友達と率直に話し合う場を設けることで，つながる楽しさを味わい，人間関係を広げていく。

1　対人関係の改善や発展につながるエンカウンターを

　学級の雰囲気が定まってくる2学期は，学習発表会などの行事も多く，子どもたちの人間関係を広げるチャンスです。そのために子どもが教師や友達と受容的・援助的に接し，ありのままの自分で生活できるようにすることが大切です。コミュニケーションと対人関係の改善と発展を促すエンカウンターは，このような学級づくりの大きな力になります。この時期にエンカウンターを行うポイントは2つあります。

①エンカウンターを取り入れ，つながる楽しさを味わうことで一人一人が学級の一員と実感し，学級が居場所となるようにします。

②友達のいいところを学んだり，アドバイスをもらったりすることで長所も短所も互いの個性として認め合うようにします。

　心の交流が乏しい学級では，失敗しても助けられたり，励まされたりすることはありません。人間関係を築くことで一人では乗り越えられない困難なことにも立ち向かうことができます。エンカウンターで人間関係を築くだけでなく，一人一人にとって居心地のよい魅力のある学級をつくることが2学期の学級づくりの課題なのです。

まとめ

　エンカウンターでつながる楽しさを味わうことで互いの理解を促し，居心地のよい魅力のある学級をつくる。

❶私の好きなテレビ番組

●おススメのポイント

好きなテレビ番組を質問したり，話したりすることで友達のことを知り，関係を深めるエクササイズです。ジャンケンを行いますので，低学年では勝ち負けにこだわって夢中になって取り組みます。

●ねらい

好きなテレビ番組やそのわけを聞いたり，自分の好きな番組を話したりすることで他者理解と自己理解を深め，学級の人間関係を向上させる。

●板書（始める前に板書しておく）

質問ジャンケン（私の好きなテレビ番組）

ねらい＝友達のことをもっと知る

聞き方＝「あなたの好きなテレビ番組は何ですか」（勝った人）

答え方＝「私の好きなテレビ番組は○○です。好きなわけは○○○です」

●活動の進め方（教師のコメント）

①教室の中を自由に歩きます。口を閉じてしゃべらないでください。

②先生の「始め」の合図で近くの人とペアになり，ジャンケンをします。

③ジャンケンに勝った人は負けた人に，「あなたの好きなテレビ番組は何ですか」と尋ねてください。

④負けた人は，「私の好きなテレビ番組は○○です。好きなわけは○○○○です」と答えてください。

⑤勝った人は，話を聞いたら「ありがとうございました」とお礼を言って別れ，新しい相手を見つけてジャンケンを続けます。

●留意事項

①前の日の帰りの会などで，自分の好きなテレビ番組と好きなわけを考えておくように指示します。

②全員の子どもが好きなテレビ番組とわけを言えることを確認してから活動を始めます。

❷私の名前のひみつ

●おススメのポイント
　互いに名前の由来を語り合うことで人間関係を深めるエクササイズです。自分の名前の由来を話し，相手の由来を聞くことは自己理解，他者理解を促進し，学級の雰囲気を穏やかなものにします。

●ねらい
　自分の名前がどうしてつけられたかを話したり，友達の名前の由来を聞いたりすることで学級の人間関係を向上させる。

●板書（始める前に板書しておく）
　私の名前のひみつ
　ねらい＝お互いの名前のひみつを知る
　１．聞き方＝「あなたの○○という名前には，どんな秘密があるのですか？　教えてください」
　２．答え方＝「私の名前の秘密を教えます。……」
　　　（例）①名前をつけてくれた人はだれか　②どんな願いが込められているか　③自分の名前をどう思っているか　など
　３．終わったらお礼を言う＝「名前のひみつを教えてくれてありがとう」

●活動の進め方（教師のコメント）
①ペアになりジャンケンをします。勝った人から先に聞きます。
②話す人は，答え方の例を参考にして自分の名前について話してください。全部話す必要はありません。話すことができることだけでいいです。
③質問した人は話をうなずきながら聞いてあげましょう。

●留意事項
①前の日の帰りの会に，自分の名前をつけた人や名前に込められた願いなどを家の人に聞いておく宿題を出します。
②デモンストレーションでは，教師自身の名前の由来を話します。このときに，聞き方や答え方の注意点をしっかり押さえます。

❸家庭学習で困っていること

●おススメのポイント

　自分の困っていることを友達に話すエクササイズです。自己開示の中でも深い内容になります。全員が家庭学習について話すことができるように、しっかりサポートします。

●ねらい

　家庭学習で困っていることや苦労していることを話すことで自分の家庭学習のやりかたを振り返り、取り組む意欲を高める。

●板書（始める前に板書しておく）

　家庭学習で困っていること
　ねらい＝家庭学習で困っていることを話す
　１．聞き方＝「家での勉強でこまっていることや苦労していることは、どんなことですか」
　２．話し方＝カードに書いた順に話す
　　　①わたしの家庭学習のようす　②こまっていることや苦労していること
　　　③そのことをどう思っているか
　３．話を聞いた人は相手を励ます＝「家庭学習をがんばってください」

●活動の進め方（教師のコメント）

①「家庭学習でこまっていること」カードを書いてください（5分間）。
②ペアになります（ペアのつくり方を具体的に指示）。
③始めに話す人を決めてください。それでは話してください。時間は2分です。始め。交替して行います。始め。

●留意事項

①デモンストレーションでは教師が自分の子どものときの家庭学習の様子を話し、子どもの参加意欲を高めるようします。
②困っていることや苦労していることがないという子どもは、家庭学習でがんばっていることを話すようにします。

4　2学期におススメのエンカウンター
②みんなで盛り上げる

行事に向けて各自が個性を発揮し，がんばっていることを本音で語り合い，互いのよさに気づくことで心のふれ合いを深める。

1　行事と関連させたエンカウンターを

　学習発表会などの大きな行事では，一人一人がめあてをもって取り組むことを大切にしています。振り返りカードを用意し，めあてを書かせてチェックさせることはよく行われています。行事ではエンカウンターを取り入れて，めあてを語り合ったり，終了後にがんばったことを認め合ったりする活動を行うようにしたいものです。

　教師は行事を成功させるために練習や準備に力を注ぎます。けれども行事で得た体験を経験としていくためには，行事がうまくいったという体験だけでは子どもは成長しないのです。めあてをわかち合い，努力したことやがんばったことを振り返ることで伸びていくのです。

　行事は学級集団を育てる大きなチャンスです。そのチャンスを生かすためにエンカウンターを活用していきます。朝の会で行事に合わせて，めあてやがんばることを話し合うことで，一人一人が進んで活動に取り組むようになります。行事が終わったあとに，今，思っていることをわかち合うことで互いの成長に気づくことができます。エンカウンターが行事の体験をより深いものにしていくのです。

まとめ

　エンカウンターを活用して互いのめあてやがんばりを知ったり，励まし合ったりすることで行事の意欲や充実感を高める。

❶私の学習発表会のめあて「できる！できる！」

●おススメのポイント

　友達のめあてを聞いて手をたたきながら「できる！できる！」と励ますエクササイズです。すべての友達のめあてを聞き，エールを送ることで学級全体の学習発表会へのやる気が高まります。

●ねらい

　学習発表会の役割分担ごとに自分のめあてを発表し，みんなで「できる！できる！」と拍手をしてエールを送ることで，学習発表会に向けてのモチベーションを高める。

●板書（始める前に板書しておく）

　私の学習発表会のめあて「できる！できる！」
　ねらい＝学習発表会のめあてを発表し，みんなで励ます
　言い方＝「私（僕）の学習発表会のめあては，○○○○○○○○です」
　発表の順番（出し物の分担ごとに一人ずつ）
　（例）　①鉄琴・木琴→②鍵盤ハーモニカ→③太鼓→④オルガン・アコーディオン→⑤その他

●活動の進め方（教師のコメント）

①黒板の分担順に席で立ち，順番に一人一人が自分の学習発表会のめあてを発表します。黒板に書いてある言い方で発表してください。

②発表が終わったら，ほかの人は手をたたきながら「できる！できる！」と言ってエールを送ります。

●留意事項

①発表のめあては事前に考えさせ，カードなどに書かせておきます。

②教師が役割分担ごとに子どもたちを立たせ「どうぞ」と次々に指示し，テンポよく発表させます。

③人数の多い学級では時間が足りなくなります。1回の発表は10分程度で止め，別の時間に続きを行うようにします。

❷運動会でがんばったあなた

●おススメのポイント

　友達や自分のがんばりを認め合うエクササイズです。運動会の活動の様子を振り返ることで自他のよさに気づくことができます。大きな行事のあとに取り組みたいエクササイズです。

●ねらい

　互いのがんばりを認め合うことで自分自身の成長に気づき，自分や友達を肯定的に評価して心を開くことができる学級をつくる。

●板書（始める前に板書しておく）

　運動会でがんばったあなた

　ねらい＝運動会でがんばったことを認め合う

　話し方＝（友達へ）○○さんが運動会でがんばったことやよくやっていたと思うことは○○○○○です。

●活動の進め方（教師のコメント）

①生活班でジャンケンをして順番を決めます。

②最初の人に対して，運動会でがんばったことやよくやっていたと思うことを班の他の人が順番に言ってあげます。

③話してもらった人は最後に，「ありがとうございました」とお礼を言います。一人ずつ順番に行います。

④次に生活班で一人ずつ，自分ががんばったことやうれしかったこと，苦労したことを話します。

⑤他の人は聞き終わったら「よくやったね」と励ましの声かけをしながら拍手をしてあげましょう。

●留意事項

①１つの生活班を使ってやり方を具体的に説明します。

②ワークシートを用意して，生活班の友達や自分のがんばりやよくやったことなどを書かせてから行うようにします。

❸わたしが学習発表会でがんばったこと

●おススメのポイント

　ペアで学習発表会の活動を振り返るエクササイズです。ペアでわかち合うことで成果をこれからの生活に生かそうという意欲を高めます。ペアの関係をぐっと深めることができます。

●ねらい

　学習発表会でがんばったことや今，思っていることなどを語り合うことで互いの成長に気づき，成果をこれからの生活に生かすようにする。

●板書（始める前に板書しておく）

　わたしが学習発表会でがんばったこと
　ねらい＝お互いのがんばりを知る
　話し方＝①「ぼく（わたし）の学習発表会のめあては，○○○でした」
　　　　　②「学習発表会でがんばったことは，○○○です」（くわしく）
　　　　　③「学習発表会が終わって，今思っていることは，○○○です」
　ルール＝①相手の顔を見る　②はっきり聞こえる声で言う

●活動の進め方（教師のコメント）

①席の隣（または席の前後）でペア（二人組）をつくります。
②二人でジャンケンをして，勝った人から学習発表会で自分ががんばったことを話します。
③負けた人は，うなずいたり，「へー，すごいな」などと言ったりしながら聞くようにしましょう。
④話し終わったら，聞いていた人は「よくがんばったね」などと感想を言ってから拍手をしてあげます。話し終わったら，交替して行います。

●留意事項

①事前に学習発表会の振り返りカードなどに自分のがんばりや思ったことなどを書かせておきます。

5 ３学期におススメのエンカウンター
①温かい言葉遣い名人になる

 温かい言葉が相手を元気にすることに気づき，友達に思いやりと励ましの温かい言葉をかけることができるようになる。

1 温かい言葉が飛び交うエンカウンターを

多くのいじめは言葉によるからかいや嫌がらせから始まります。友達を傷つける言葉遣いを減らし，温かい言葉が学級にあふれるようにすることがいじめを未然に防ぐ大きな力になります。

温かい言葉遣いはソーシャルスキルトレーニングで取り上げられるテーマです。ただし指導する教師にスキルを教え込もうという姿勢が強いために，子どもは一方的に押しつけられている感じをもってしまうことがあります。何よりもスキルの指導に真剣になるあまり，子ども同士のわかち合いが少なく，スキルを身につける活動に楽しさが感じられないのが気になります。

学級が居場所となり，子ども同士の絆を深めるためには，日常生活における言葉遣いの指導が重要です。エンカウンターでは温かい言葉が友達を元気にすることに気づくことを大切にします。その気づきが友達に対する思いやりと励ましの言葉かけにつながるのです。エンカウンターで温かい言葉かけを意識し，できるようにすることで，安心して楽しい学級生活を送ることができるようになります。

まとめ

エンカウンターで温かい言葉遣いを意識し，できるようにすることで，いじめのない，安心で楽しい学級をつくる。

❶ ありがとうジャンケン

●おススメのポイント

　人間関係の潤滑油「ありがとう」を使うことができるようにするエクササイズです。「ありがとう」の声が少なかったクラスでも，生活の中での「ありがとう」の声を確実に増やすことができます。

●ねらい

　「大きな声で」「気持ちを込めて」のポイントを守って練習することで，気持ちのよい「ありがとう」を言うことができるようになる。

●板書（始める前に板書しておく）

　　ありがとうジャンケン
　　ねらい＝大きな声で気持ちを込めて「ありがとう」を言えるようになる
　　ジャンケンに勝った人＝「負けてくれて『ありがとう』」
　　ジャンケンに負けた人＝「どういたしまして」

●活動の進め方（教師のコメント）

①相手を見つけてジャンケンをします。

②勝った人は負けた人に「負けてくれて『ありがとう』」と言います。

③負けた人は，その言い方が，「大きな声」で「気持ちが込もっていた」ら，腕と手で大きく○，ダメだったら×を出します。○がもらえるまで何回も言います。

④負けた人は，○を出したら「どういたしまして」と言って別れ，別の相手を見つけてジャンケンを続けます。

●留意事項

①ジャンケンで負けた子どもが出す○や×のジェスチャーは，恥ずかしがらずに大きな動作で行うようにします。デモンストレーションのときに教師が大きな動作で○や×のジェスチャーをして，手本を見せるようにします。

②「ありがとう」をあまり使っていない子どもに，活動して感じたことや思ったことを聞き，ほめるようにします。

❷私の得意なフワフワ言葉

●おススメのポイント

温かい言葉遣いができるようにするためのエクササイズです。フワフワ言葉を意識して生活することで学級の人間関係を温かいものにすることができます。

●ねらい

自分の得意なフワフワ言葉を相手に聞いてもらうことで，気持ちを込めてフワフワ言葉を使えるようになる。

●板書（始める前に板書しておく）

私の得意なフワフワ言葉

ねらい＝フワフワ言葉を気持ちを込めて，大きな声で言うことができる

フワフワ言葉　①「ありがとう」②「ごめんなさい」③「がんばってね」
④「どうしたの？　大丈夫？」

1．聞く人＝「あなたの得意なフワフワ言葉は何ですか」
2．話す人＝「『ありがとう』です」
3．聞く人＝「私に言ってくれますか」
4．話す人＝「□□さん（君），『ありがとう』」
5．聞く人＝○のとき，「うまいですね」（ほめてあげる）

●活動の進め方（教師のコメント）

①ペアをつくり，聞く人，話す人を決めます。
②聞く人は，相手にどのフワフワ言葉が得意なのかを尋ねます。
③話す人は，①〜④のどの言葉が得意なのかを言います。聞く人は，「言ってくれますか」とお願いします。
④フワフワ言葉が上手だったら腕と手で○，ダメだったら×を出します。
⑤○を出したときは，「うまいですね」とほめてあげてください。

●留意事項

①本活動は短時間で終わるので，ペアの相手を替えて行ってもよい。

❸おはよう，聞いてよ，きのうのこと

●おススメのポイント

　あいさつのあとに昨日のことを話すことで関係を深めるエクササイズです。自分を開く喜びを味わうことで友達との垣根を低くすることができます。学級の人間関係をより豊かなものにすることができます。

●ねらい

　「おはようございます」のあとに昨日の自分のことを語ることで受け入れられる喜びを味わい，あいさつをかけ合うようにする。

●板書（始める前に板書しておく）

　おはよう，聞いてよ，きのうのこと

　ねらい＝「おはよう」のあとにきのうの自分のことを話し，声をかけ合う喜びを味わう。

　　やり方＝①話す人「おはよう」　②聞く人「おはよう」
　　　　　　③話す人「きのう……」（きのうあったことを話す）

●活動の進め方（教師のコメント）

①昨日のことで友達に話すことを考えてください。大丈夫ですか。

②ペアをつくり，どちらが先に行うかを決める。

③話す人は，「おはよう」とあいさつを交わしたあと，「昨日……」と自分のことを話してください。

④聞いている人は，話している人の目を見て，「そうだったんだ」などと相づちを打ちながら聞くようにしてください。

●留意事項

①昨日のことを話すことができるかどうか確認して行います。朝の会で１回ずつ，相手を替えて行うと友達の輪を広げることができます。

②話が続かない場合は，「それで」「それから」「どうして」と聞くようにアドバイスします。

6　3学期におススメのエンカウンター
②今年の成長を振り返る

 自分や友達ががんばったり努力したりしたことをわかち合うことで，一人一人の成長を実感させ，自分の存在価値に気づかせる。

❶ 振り返りのエンカウンター

　学級の成長を振り返り，集団の力に気づかせるだけでは，子どもは自分の努力や成長を実感することはできません。学級が素晴らしいと感じるだけでなく，がんばったことを振り返り，自分も成長したと感じるようにすることが大切です。

　1年間の足跡を振り返るには，行事で使ってきた振り返りカードをまとめて見るようにします。そしてエンカウンターを取り入れ，クラスで1年間過ごしてきた友達と互いのよさを伝え合うようにします。がんばったことやできるようになったことを話し，エールを送ってもらうことで達成感を味わい，自分の長所に気づくことができます。友達とかかわることで自分らしさに気づき，成長を実感することができるのです。

　身近な仲間から認められる経験を数多く積むことで自己肯定感を高めることができます。自分を好きになれば仲間を認める余裕が生まれます。そして自分の成長の陰に先生や仲間の支えがあったことに気づきます。自分の存在の価値に気づき，周りへの感謝の気持ちをもつ，この繰り返しが子どもを育てていきます。

まとめ
　エンカウンターで友達から認められることで達成感を味わい，自分の成長を実感することができる。

❶3学期にがんばったこと

●おススメのポイント

　自分のがんばりを友達に話し，友達のがんばりを知ることで達成感を味わうエクササイズです。成長を振り返ることで自己肯定感を高めることができます。

●ねらい

　3学期にがんばったことを話し合うことで肯定的に認め合う雰囲気をつくり出し，交流を促進する。

●板書（始める前に板書しておく）

　3学期にがんばったこと（質問ジャンケン）

　ねらい＝お互いのがんばりを知る

　質問すること＝「3学期にがんばったことを教えてください」

　ルール＝話を聞いたら「がんばったね」と相手をほめる

●活動の進め方（教師のコメント）

①席の隣の人とペアをつくり，ジャンケンをします。勝った人は負けた人に「3学期にがんばったことを教えてください」と聞きます。

②負けた人は自分が3学期にがんばったことを話します。時間のある間は，何回でもジャンケンをして質問を続けます。

③今度は学級全体でいろいろな人とジャンケンをします。

④勝った人は質問し，負けた人は答えます。どんどん違った相手を見つけてジャンケンをしてください。

⑤何回ジャンケンに勝って質問できたかを数えてください。

●留意事項

①学級全体で質問ジャンケンを行うときは，ペアになった相手と「よろしくお願いします」とあいさつしてから行うようにします。

②話した相手をほめる言葉は「がんばったね」だけでなく，「よくやったね」「すごいね」などもあることを紹介します。

❷だれの重大ニュース？

●おススメのポイント

　１年間を振り返り，一生懸命に取り組んだこと，思い出に残っていること，だれもしていない珍しい体験をわかち合います。ともに成長したことを感じ，学級の一体感が高まるエクササイズです。

●ねらい

　自分や友達が一生懸命に取り組んできたことを振り返り，成長してきたことを認め合い，自己肯定感を高める。

●板書（始める前に板書しておく）

　だれの重大ニュース？
　ねらい＝取り組んできたことを振り返り，ともに成長してきたことを喜ぶ
　やり方＝①重大ニュースを聞いて，誰の重大ニュースかを当てる
　　　　　②当てられた人は，思っていること感じていることを話す

●活動の進め方（教師のコメント）

①１年間の出来事で①一生懸命に取り組んだこと，②思い出に残っていること，③誰もしていない珍しい体験などをワークシートに書く。
　（教師がワークシートを集め，何回かに分けて紹介する）
②今日は先日書いてもらった「私の重大ニュース」を紹介します。
③先生が誰かの重大ニュースを紹介します。誰の重大ニュースかを当ててください。
④それでは紹介します（ワークシートを読む）。誰の重大ニュースだと思いますか？　わかった人は手を挙げてください。
⑤当たりです。〇〇さん，自分の重大ニュースについて思っていることや感じていることを話してください。

●留意事項

①人に知られたくないことは書く必要がないことを伝えておきます。
②読み上げた子どもに対する教師のポジティブなコメントを話します。

❸○○先生，聞かせて○組のよいところ

●おススメのポイント

　担任が感じている子どもや学級の成長したことを質問に答える形で自己開示するエクササイズです。これまで一緒に生活してきた担任の喜びを子どもたちに伝えます。

●ねらい

　担任が感じている子どもの成長や学級のよいところを伝えることで自分たちの学級に誇りをもち，自分たちの成長を喜ぶ。

●板書（始める前に板書しておく）

　「○○先生，聞かせて○組のよいところ」

　ねらい＝学級に誇りをもち，自分たちの成長を喜ぶ

　質問の仕方＝「○○先生，○年○組や私のよいところを教えてください」

　ペアでの話し合いの仕方＝「私の思っている○年○組や私のよいところは○○○○○○です」

●活動の進め方（教師のコメント）

①今日は先生が思っている○年○組や一人一人のよいところをお話しします。黒板に書いてある言い方で質問してください。

②先生は一生懸命考えて答えます。それでは質問する人は手を挙げてください。○○さん（指名する）。

③先生が思う○年○組（○○さん）のよいところは○○○○○○です。

④みなさんにもそれぞれが思っている○年○組や一人一人のよいところがあると思います。ペアになって互いに紹介し，話し合ってください。

●留意事項

①担任は何回も同じ質問を受けることになりますが，毎回違った学級のよいところを話すようにします。

②ペアでの話し合いは，全員が学級や相手のよいところを思いついたかを確認してから行うようにします。

7章 「問題場面」におススメのエンカウンター

1 小グループで固まり，男女の仲が悪い学級でのエンカウンター

エンカウンターを取り入れて人とかかわるマナーを身に付け，認められる場面を増やすことで学級生活の不安や不満足感を減らす。

1 交流を増やすエクササイズ

　学級生活に不安があると2～3人のグループで固まり，トイレにも一緒に行くようになります。このようなグループを「不安の小集団」と言います。このようなグループができている学級で「質問ジャンケン」を行い，誰とでもジャンケンするように指示しても，同性同士でしかやらなかったり，ある子どもを避けてジャンケンをしたりすることが起こります。ひそひそ話が増えたり，小さな紙にいろいろなことを書いて回したりすることが増えます。そして他のグループやメンバーを攻撃することで自分たちの結束を強くするようになります。このような学級では，グループ以外の子どもとのかかわりが少なく，男女の協力や助け合いもうまくできません。

◆ポイント1

　エクササイズを行い，好きな友達だけでなく，交流の少ない友達ともグループになることができるようにする。

2 グループの殻を破る工夫を

　仲よしグループが別れるのを嫌がる子どもがいる場合には，好きな者グループになってそのままエクササイズを行います。繰り返し行っていくと同じメンバーでやることに飽きるようになります。一度やって駄目だったから止めるというのではなく，短いエクササイズを繰り返しながらグループの殻を破るようにします。

「もうじゅう狩りに行こう」はいろいろな人数のグループになるエクササイズです。最初は何も言わないで好きな者同士でグループをつくらせます。活動に熱中し始めたら，「異性の友達を入れます」「これまでグループになっていない人と……」などの条件を付けます。エクササイズに夢中になっていくうちに，子どもたちは条件を抵抗なくクリアしていきます。活動の最後には一緒になったことがない友達とグループになった感想をわかち合い，誰とでも仲間になれるようになったことを話し合います。

◆ポイント2

　友達を認める，友達から認められるエクササイズを行うことで，みんなから認められていることを感じさせ，自分に自信をもたせる。

　ふれ合いのある人間関係とは，長所も短所もある人間の存在をその人の個性として認め合っている関係です。子どもたちはこういう学級集団の中に自分の居場所を見つけることができるのです。小グループで固まっている子どもたちは，学級集団が自分の居場所になっていません。学級で教師や級友から受容的・援助的に接してもらい，その中でありのままの自分で生活できるようにする必要があります。

　「私はあなたが好きです。なぜならば……」は友達のよいところを見つけ，伝えるエクササイズです。普段の生活では，友達のよいところを話すことはありません。よさを見つけにくい子どもに配慮をしながら，エンカウンターで子どもに互いのよさを話し合わせます。このような活動を繰り返すことが自尊感情を高めます。また異性を含めたいろいろな友達を受け入れることができるようになり，学級の雰囲気は穏やかなものに変わっていきます。

まとめ

　ルールを守りながら安心して友達とかかわるエクササイズを行い，友達や自分のよさを認め合うことで，学級が子どもたちの居場所になっていく。

❶もうじゅう狩りに行こう
●おススメのポイント
　指示された人数のグループをつくることで，いろいろな人と仲間になることを経験するエクササイズです。声をかけ合って楽しく取り組みながら，これまで交流がなかった友達とグループになることができます。
●ねらい
　指示された人数のグループをつくることで，いろいろな人と一緒のグループになることができる。
●板書（始める前に板書しておく）
　もうじゅう狩りに行こう
　ねらい＝いろいろな友達とグループをつくることができるようになる
　やり方＝動物の名前の文字数のグループをつくって手をつないで座る
●活動の進め方（教師のコメント）
①では始めます。自由に歩き回って下さい。
②猛獣狩りに行こうよ！　全員（猛獣狩りに行こうよ！）2回繰り返す。
③鉄砲だってもってるし。全員（鉄砲だってもってるし）
④槍だってもってるし。全員（槍だってもってるし）
⑤あっ！（あっ！）　パンダ。
⑥（パンダは三文字なので）三人グループをつくり，手をつないで腰を下ろす。三人組になれなかった人は残念。今度はがんばってくださいね。
⑦もう一度やります。自由に歩き回ってください。
●留意事項
①最初の何回かは好きな者同士のグループをつくっていても注意しません。子どもたちが楽しく夢中で取り組むようにします。
②何回か行ったあと，「グループに一人以上異性の友達を入れます」「これまでグループになっていない人とグループをつくります」など，条件をつけてグループをつくらせます。

❷私はあなたが好きです。なぜならば……

●おススメのポイント
　友達のよいところを見つけ，伝えることで自尊感情を高めるエクササイズです。互いに認め合う雰囲気をつくり，子どもたちの気持ちを穏やかにします。男女関係なく行うことで互いのよさに気づくことができます。

●ねらい
　友達のよいところを見つけ伝え合うことで，互いのよさに気づき，自尊感情を高める

●板書（始める前に板書しておく）
　私はあなたが好きです。なぜならば……
　ねらい＝友達のよいところを見つけ，伝えることができる
　やり方＝①グループの一人にほかのメンバーが「私はあなたが好きですなぜならば……」と順にその人のよいところを伝える
　　　　　②2回行う。（同じことを2回言ってもよい）

●活動の進め方（教師のコメント）
①生活班の友達のよいところを考えます。
②生活班の一人の友達に他の人が「私はあなたが好きです。なぜならば……」とよいところを言ってあげます。順に2回まわします。
③1つしか見つけられなかったときは同じことを2回言うようにします。
④それでは一人目です。他の人はその人のよいところを考えてください。考えましたか。それでは始めます。始め。

●留意事項
①始める前に1つの班で教師に対してやって見せます。よく考えてよいところを見つけること，1つしか思いつかない場合は同じことを2回言ってもよいことを押さえます。ペアで行ってから班で行うことも考えられます。
②誰にでもよいところは必ずあることを話し，友達のいろいろなよいところを見つけるように促します。

2 ルールが定着せず，勝手な行動が多い学級でのエンカウンター

叱らずに学級規律をつくる活動に取り組み，決めたルールの確認を丁寧に行い，ルールを守って活動する経験を積み重ねる。

1 人間関係のルールやマナーの定着を

　教師は学習指導と生徒指導を効率的に行えるようにルールを定めようとします。このような押しつけのルールは子どもの学級生活を息苦しくさせます。そのようなルールだけでなく，本音で交流するための人間関係のルールやマナーを身に付けるようにすることが大切です。子どもたちはルールに守られ，級友と本音の感情交流をする勇気が湧いてきます。
　このようなルールを指導するためには，学級集団のよさを子どもが感じていることが大切です。エンカウンターを活用して感想を伝え合い，体験を共有することで，互いのよさを自覚するようにします。活動が前向きに生活する意欲につながり，ルールを守ろうという意識を高めていくのです。

◆ポイント1

　エクササイズでルールを守っている子どもやグループを見つけ，認め，ほめる活動を繰り返す。

　ルールが定着しない学級では，エンカウンターを行う場合に以下のことに配慮します。
①エクササイズでは，学級全体に対してルールの確認と守ることへの意欲の喚起を簡潔に行います。
②教師の期待や希望を語り，ルールを守ってエクササイズを行う意識を高めます。
③振り返りやわかち合いの場を設定し，ルールを守れたことを子ども相互で

認め合うようにします。
④よかった点を認めてから，今後がんばる点を具体的に指摘します。

　エンカウンターは自由に好き勝手にやる活動ではありません。ルールを守ることで活動がうまくいきます。ルール破りには介入を行って対処することが大切です。エクササイズを体験することで一人一人にルールが身に付くようにします。

◆ポイント2

　ルールのあるエクササイズを行い，ルールを守ることで，安心して友達と楽しくかかわることができることを実感させる。

2 日常生活のルールを守ることにもつながる

　エンカウンターでは，人数，時間，グループの条件，活動場所など多くの条件を付けています。このようなルールを守ることができるようにすることで，日常生活のルールも守ることができるようになります。枠の中でできたことは，普段の生活の中でもできるようになるのです。

　「森は大騒ぎ」や「なんでもバスケット」は役割や制限が多いエクササイズです。けれどもルールを守って行うととても楽しいエクササイズでもあります。活動に夢中になりながら，ルールを守る心地よい経験をすることで，子どもたちのルールへの思いは変わってきます。

　ルールはこれまで「ほめて守ることができるようにする」ことが言われてきました。けれどもエンカウンターでは，子ども同士が認め合うことでルールを身に付けることができます。かかわり合い，認め合いが学級づくりによい影響を与えるようになるのです。

◆まとめ

　ルールのあるエクササイズを粘り強く，何度も繰り返し，よい行動をほめることでルールを守ることができるようにする。

❶森は大騒ぎ
●おススメのポイント
　役割や制限が多い活動を行うことで，ルールを守ることができるようにするエクササイズです。ルールを守って楽しく活動することでルールをみんなで守ろうとする意識を高めます。
●ねらい
　ルールを理解し，ルールを守って活動することでルールやマナーを守って生活する楽しさを味わう。
●板書（始める前に板書しておく）
　森は大さわぎ
　ねらい＝ルールを守って楽しく活動する
　オニ役＝一人　　　「狩人」「木こり」「嵐」のいずれかを言う
　木役，リス役＝三人　二人が木役になり，両手をつないで向き合う
　　　　　　　　　　　一人はリス役となり，両手の間に入る
　①「来たぞ，来たぞ，狩人が来たぞ」→リス役は他の木の中に移動する
　②「来たぞ，来たぞ，木こりが来たぞ」→木役は相手を変え，リス役を入
　　れて三人組をつくる
　③「来たぞ，来たぞ，嵐が来たぞ」→全員がバラバラになり，新たな三人
　　組をつくり，木役とリス役を決める
　④オニ役は「狩人」「木こり」「嵐」のいずれかを言ったあと，自分も移動
　　する中に加わる。三人組になれなかった人が次のオニ役になる
●活動の進め方（教師のコメント）
①三人組をつくり，狩人と木こりを決めます。最初のオニ役は〇〇さん，お願いします。やり方がわかりましたか。それでは始めます。
●留意事項
①教師も加わり，楽しく行います。終わりには，ルールを守って楽しく活動できた感想をわかち合うようにします。

❷なんでもバスケット

●おススメのポイント
　学級のみんなでルールを守って楽しむエクササイズです。クラスにどんな人がいるかを活動を通して知ることができます。

●ねらい
　みんなとルールを守ってなんでもバスケットを行うことで，友達のことを知る楽しさを味わう。

●板書（始める前に板書しておく）
　　なんでもバスケット
　　ねらい＝このクラスにどんな人がいるかを知る
　　ルール＝①オニは友達がいやな気持ちになることは言わない
　　　　　　②動くときは席を２つ以上移動する
　　　　　　③わざと負けてオニにならない
　　オニが話すこと＝「〇月生まれの人」「髪が短い人」「体育が得意な人」
　　　　　　　　　　「パンの好きな人」「朝，タマゴを食べてきた人」など
　　　　　　　　　　「〇年〇組の人」→全員が移動する

●活動の進め方（教師のコメント）
①机を後ろに下げ，椅子を前にもってきて大きな円になって座ります。
②オニは円の真ん中で，このクラスの何人かに当てはまることを言います。
　周りの人は自分が当てはまると思ったらほかの席に移動します。
③最初は先生がオニになります。オニが座ると誰かが椅子に座れなくなります。その人が次のオニです。
④黒板に書いてあるルールをしっかり守ってください。

●留意事項
①ルール破りを見つけたら「約束通りかな？」と声をかけ，ルールを守って活動するように促します。
②ルールを守ったら楽しく活動できたことをわかち合うようにします。

3 登校しぶりの子どもが出始めた学級でのエンカウンター

 エンカウンターを取り入れ，絆と心の居場所を実感できる学級づくりを進める。

1 不登校を防ぐ

　不登校は，いったんなってしまうと，そこから抜け出すには多大のエネルギーと時間が必要になります。本人や家族の苦悩は計り知れないものがあります。ですから不登校にならないように，できるだけ早期に発見して対応することが必要です。登校しぶりは学級集団が退行すると急激に多くなります。学級集団は以下のプロセスで退行します。
①ギスギスした人間関係
　「居心地が悪い，学級にいることが疲れる」
②人付き合いが疎遠になる
　「友達関係が楽しくない，一人でいる方がよい」（解体）
③学級が分裂する
　「バラバラで全体の活動が成り立たない。同調的行動，排他的なグループの形成，自己中心的な防衛的行動が定着」（分裂，安定化，混沌化）
④ボスの出現「反抗的で自分勝手なボスが学級を牛耳る」
　（リーダーシップの拡散）
　このような学級集団の状況に目を配りながらエンカウンターを取り入れた登校しぶりの対応を行います。

◆ポイント1

　エンカウンターで自分を開き，友達に受け入れられる体験を積み重ねることで子どもたちの自尊感情を高める。

登校しぶりの対応として一番多いのが教師の声かけやかかわりです。確かに子どもと担任の心がつながっていることはとても大切なことです。けれどももう1つ考えなくてはいけないのが，友達のかかわりです。登校しぶりの初期の段階では，エンカウンターなどの集団体験で友達とかかわることが効果を発揮します。

　「私の好きな物」「もしなれるなら，何になる？」は，友達のことを知り，自分を開き受け入れられる楽しさを味わうことができます。自分のことを聞いてもらい，友達の話を聞くことで人間関係の不安は軽減され，学級生活の満足感や充実感が登校しぶりを改善していきます。

◆ポイント2

> 教師自身が自分を開き，自分を語ることで子どもとの信頼関係をつくり，温かく，安心な学級の雰囲気を醸成する。

　毎年，登校しぶりが出る学級があります。ルールやリレーションの指導がうまくいっていないのです。そのような学級担任は，自分を開く自己開示があまりうまくありません。指示や連絡はするのですが，自分の気持ちや思いを語ることがないために言葉に力がないのです。認められにくい子どもに「○○さんは〜をがんばっていたね」と周りの子どもに気づかせたり，目立たない地道な努力をしている子どもを認めたりすることが下手なのです。

　問題行動が起こっている状況でエンカウンターを行うことは難しいことです。短時間のエクササイズを繰り返す，リーダーが進行を細かく仕切る，ワークシートを活用するなどの留意事項はありますが，エクササイズがうまくいくかどうかは，教師の指導力，とくに自己開示で子どもとの関係を築く力が大きく関係しているのです。

まとめ

　エンカウンターを活用して温かい人間関係づくりに取り組むことで，安心感があり，登校しぶりのない学級づくりを進める。

❶私の好きな物

●おススメのポイント

　ワークシートに書いて話すことで安心して自分のことを表現するエクササイズです。友達とうまくかかわれないと思っている子どもが自分を表現し，友達のことを知ることで自然と仲よくなることができます。

●ねらい

　友達に非難されることなく自分の好きな物を話すことで，自分を開き受け入れられる楽しさを味わう。

●板書（始める前に板書しておく）

　私の好きな物
　ねらい＝自分の好きな物を友達に話すことでお互いのことを知る

●活動の進め方（教師のコメント）

①ワークシートに自分の好きな物と好きな理由を書いてください。
　①動物，②魚，③花，④アニメ，⑤乗り物の好きな物とその理由。発表をして感じたこと，気づいたこと。
②生活班で書いたことを順に発表します。友達の発表にケチをつけたり，悪口を言ってはいけません。聞き終わったらみんなで拍手します。
③自分が発表して，発表を聞いて感じたこと，気づいたことをワークシートに書いてください。
④感じたこと，気づいたことを班で話し合ってくだい。無理して話す必要はありません。話したい人から話してください。

●留意事項

①教師は生活班での発表の前に自分の好きな物とその理由を楽しそうに話し，子どもたちのモチベーションを高めるようにします。
②登校しぶりの子どもには事前にワークシートを見せ，エクササイズの内容を説明して参加できるかどうかを聞いておきます。

❷もしなれるなら，何になる？
●おススメのポイント
　自分を直接表現するのではなく，何になりたいかを動物，植物，昆虫にたとえることで自分を開くエクササイズです。ワークシートに書いた内容を使っていろいろなグループで繰り返して行うことで友達との関係を深めることができます。
●ねらい
　いろいろな物にたとえて自分が何になりたいかを話すことで，自分を開き受け入れられる楽しさを味わう。
●板書（始める前に板書しておく）
　　もしなれるなら，何になる？
　　ねらい＝何になりたいかを友達に話すことでお互いのことを知る
●活動の進め方（教師のコメント）
①ワークシートに何になりたいかとなりたい理由を書いてください。
　①動物，②植物，③昆虫，④仕事で何になりたいかとなりたい理由。友達の発表を聞いて感じたこと。
②四～五人グループをつくります。できましたか。グループで書いたことを順に発表します。聞き終わったらみんなで拍手します。
③友達の発表を聞いて感じたことをワークシートに書いてください。
④感じたことをグループで話し合います。話したい人から話すようにしてください。
※ワークシートに書いた同じ内容で，ペアやグループ，生活班など，いろいろな形で何回も繰り返して行うようにします。
●留意事項
①教師はワークシートを書かせる前に自分のなりたい物とその理由を話す。
②なかなか書けない子どもは，1つか2つの項目を書けばよいことにする。
③登校しぶりの子どもには事前にワークシートを見せ，活動を説明しておく。

8章　エンカウンターで学級づくりの極意

1　エンカウンターを関係づくりに生かす

エンカウンターを取り入れて教育力のある集団づくりと個の育成を進めることで，集団の中で子ども一人一人を育てるスキルや指導援助の具体的方法を身に付ける。

1　名人芸ではなく

若い教師から一対一の対応はできるようになったが集団を動かすことが難しい，子ども同士のリレーションを深める関係づくりができないという悩みを聞きます。スキルアップのために，学級づくりが上手な教師の裏技を学ぼうとする動きがあります。けれども裏技は名人芸であり，その教師だからうまくいくスキルであることが多いのです。このため，他の教師が取り入れても成果をあげることは少ないのです。

◆ポイント1

　エンカウンターを指導に取り入れ，活用することで，意図的に人間関係づくりを進めることができる。

教師は子どもの個性を大切にしながら，まとまりのある学級集団を育てたいと願っています。けれども実際には学級づくりが思うように進まず，いろいろな問題が起こっていることがあります。

・自分勝手なリーダーに振り回され，言いたいことが言えない学級
・グループ同士で対立し，ちょっとしたことでトラブルが起きる学級
・助け合い，協力しなければいけない場面で進んで行動できない学級

これらの問題は，学級集団を構成する子どものふれ合いを深め，人間関係を築くことができなかったために起こっています。エンカウンターを取り入れることで本音と本音が交流する中で互いの気持ちを受け止め，自分の存在に自信と誇りをもつ体験を積み重ねることができます。

2 予防的・開発的人間関係づくりを

◆ポイント2

学級生活の節目にエンカウンターを生かすことで，子どもと教師，子ども同士の関係を深めるようにする。

　学級の人間関係が悪くなったのでエンカウンターを取り入れたという話を聞きます。アセスメントをきちんと行い，学級の状態に合わせたエクササイズを行えば人間関係を改善することは可能です。けれども悪い循環に陥った学級集団をよい状態に戻すためには，多くのエネルギーが必要になります。同じメンバーで1年間を過ごす学級集団では，人間関係が悪化する前に予防的，開発的に人間関係づくりを進めることが大切です。学級開きや学期始め，学期末，いろいろな行事など，学級生活の節目で計画的にエンカウンターを行うようにします。一人一人のニーズに合わせて教育活動を進める特別支援教育の導入とともに，学級づくりは難しさを増しています。「集団を動かすことができない」という教師の悩みに応えるためには，エンカウンターを生かした学級づくりや授業づくりを展開していくことが大切です。人間関係づくりを教師任せにし，教師の力量に頼る時代は終わっているのです。

　学校には授業などの年間指導計画はありますが，人間関係づくりの指導計画はありません。めあてカードに取り組みを記録させ，チェックして終わりという実践があまりにも多いのです。このような方法では子どもの行動変容を促すことはできません。意図的に人間関係づくりを進めるためにエンカウンターは大きな役割を果たすのです。

まとめ

　エンカウンターを取り入れることで意図的，計画的に人間関係づくりを進め，学級を安心・安全な場，子どもの心の居場所にする。

2 エンカウンターを授業づくりに生かす

エンカウンターを授業づくりに生かすことで人とふれ合う楽しさを味わわせ,肯定的な自己概念を育てる。

1 授業づくりと学級づくりの一体化

　学校生活の中心は授業です。教師は授業のねらいに沿って子どもが新たな課題解決に向かって追究し,思考を深め,適切に判断し,表現できるように援助します。けれども教師がいかに工夫した授業を構想し,個に応じた支援をしたとしても,子ども一人一人に前向きに取り組む姿勢がないと授業は成立しません。授業が深まるには,素直に聞き,話し合い,友達のよさを見つけ,認める態度が育っていることが大切になります。

　このような姿勢や態度は学級の風土や学級の雰囲気と言われ,学級担任の人柄や持ち味によってつくられるとされてきました。授業づくりの研修はよく行われていますが,学級づくりの研修は少ないのが現状です。学級づくりは教師任せになっており,スキルアップのための研修は行われてきませんでした。

◆ポイント1

　エンカウンターを取れ入れることで授業づくりと学級づくりを一体化した対話のある授業を進める。

2 対話のある授業を

　これからは,どの教科の授業であっても,学び合うための人間関係づくりや学級づくりの視点をもつようにします。そのために取り組みたいのが,子どもと教師,子ども同士のかかわりを通して学び合う対話のある授業です。

私が10年前から行っている対話のある授業ワークショップは，Plan（指導計画を立て）→ Simulation（模擬授業を通して）→ Sharing（わかち合うことでよりよい方法を見つける）で活動を行い，指導計画を立て，模擬授業を行うことでスキル習得を目指しています。

◆ポイント2
　模擬授業で授業者役，児童生徒役，観察者役を経験することで，学び合いが子どもの指導に有効であるということを実感する。

◆ペア学習，グループ学習を取り入れることのよさ，またペアやグループ学習を行う目的をしっかり伝えることの大切さ，取り入れ方など自分の中で納得できた（小学校・50代女性）。
◆子どもたちが学び合うためには，教師からの一方通行ではなく，子どもたち同士で共感し，自分の意見を言い合える関係づくりが大切だと思った。（小学校・20代女性・新規採用者）。

　これらはワークショップ参加者の振り返りです。模擬授業場面を設定し，授業者役，児童生徒役，観察者役を経験することで，学び合い（双方向・相互作用）型授業が子どもの指導に有効であるということを実感していることがわかります。

　子どもが主体的に学ぶ授業を進められず悩んでいる教師は多くいます。このような教師にはペアやグループ，全体でのシェアリングを取り入れ，自身のうれしかったことや新しい発見，期待などを語ることをお勧めします。シェアリングや自己開示，介入などのエンカウンターのスキルを習得することで，学び合い（双方向・相互作用）型授業を展開することができます。エンカウンターは人間関係づくりだけでなく，授業での学び合いを促進するのです。

まとめ
　シェアリングや自己開示，介入などのエンカウンターのスキルを習得することで授業の中で関係づくりを進めることができる。

3 エンカウンターで指導力を伸ばす

「ふれ合い」と「つながり」をつくるために自己開示やシェアリング,介入などエンカウンターのスキルを高める。

1 かかわりを生かした授業へ

　これまでカウンセリングは,子どもの心や気持ち,考えを理解し,尊重した授業を進めるために活用されてきました。授業は内容をどう教えるかに焦点があてられ,教科教育スキルを高めることが研修の中心になってきました。このため教師の発問や課題提示の仕方が検討されることはあっても,「ふれ合い」と「つながり」をつくるための自己開示やシェアリング,介入などについて語られることはありませんでした。

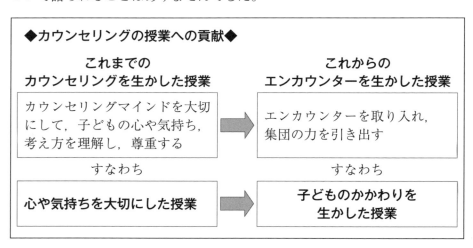

　これまで授業では,教科の特性を押さえ,子どもの学びを深化させる教材提示や展開の仕方を工夫してきました。話し合い,かかわり合うための人間関係づくりは,学級経営の課題として取り上げられなかったのです。これか

らは学ぶ意欲を高めるために，子どもたちのコミュニケーション能力や人間関係を高める授業に取り組むことが求められています。

◆かかわり方による授業の分類◆

◇一斉教師主導型

　教師→個→教師→個→教師→個→教師→個→教師

◇一斉子ども主導型

　教師→個→個→個→教師→個→個→教師→個→個

◇学び合い（双方向・相互作用）型

　教師→個→個→集団（ペア・グループでの活動，わかち合い）→　教師→個→個→個→個→教師

---

2 集団の力を引き出す授業を

　一斉型の授業は，ねらいに合わせて思い通りに進めることができます。このため多くの教師に支持され，通常の授業は一斉型で行われています。一斉型の授業では，教師と子どもの縦の関係は築くことはできます。けれども一斉型は教師中心の授業であり，子どもの横の関係を築くことは難しいのです。

　課題の発見と解決に向けて主体的・協働的に学ぶ学習はこれまでも提唱されてきました。それが学校現場に定着しなかったのは，授業の型の提案ばかりが多く，指導スキルを高めるという視点がなかったからです。「ふれ合い」と「つながり」のある授業を展開するスキルを身に付け，教師が成長していくことが必要です。エンカウンターを取り入れ，集団の力を引き出すことで，子どものかかわりを生かした授業を進めることができるようになります。

まとめ

　エンカウンターのスキルを活用して，主体的・協働的に学ぶ授業の指導力を高めることができる。

4 エンカウンターで子どもが育つ

エンカウンターにより担任との関係を深め，友達に対する思いやりと励ましの声かけをできるようにすることでいじめに向かう子どもを減らす。

1 いじめを未然に防ぐ

エンカウンターによって育つ子どもの姿を6年生の特別活動，いじめ防止ワークショップ「思いやりと励ましの声かけができるようになろう！」の授業実践をもとに紹介します。

◆ポイント1

友達を傷つける言葉遣いを減らし，温かい言葉が学級にあふれるようにすることが，いじめを未然に防ぐ大きな力になる。

多くのいじめは，言葉によるからかいや嫌がらせから始まります。本時では3つのエンカウンターのエクササイズを行い，体験を通して学ぶ活動をしました。スクールカウンセラーがT1として授業を進め，学級担任はT2として進行を補助しました。
①「〇〇先生，いじめウォッチング」
②思いやりの言葉かけジャンケン「どうしたの？　大丈夫？」
③思いやりと励まし言葉のシャワー「できる！できる！」

「〇〇先生，いじめウォッチング」では，質問に答える形で担任が子どもたちと同じ小学校6年のときの自分のいじめ体験を語りました。実際に担任がとった態度や行動などを具体的にわかりやすく話しました。子どもたちは担任の話に引き込まれていきました。そして「いじめ」は許されないという担任の思いが伝わっていきました。

この授業の最後には，「思いやりと励まし言葉のシャワー『できる！でき

る！』」を行いました。グループで順番に「私は，友達が困っているときに『大丈夫，手伝おうか』という思いやりと励まし言葉のシャワーをしようと思います」と，順に自分が取り組むことを発表しました。他のメンバーは声をかけ，拍手をして励ましました。

◆ポイント2

「言って聞かせる」教師主導の指導ではなく，エンカウンターを取り入れ，かかわり合う体験を通していじめ防止を学ぶ。

2 温かい言葉があふれるように

- いじめワークショップの授業をして，いじめは人を傷つけるものだと思いました。これからは思いやりの言葉をたくさん使おうと思います。
- あまり使っていない「どうしたの？　大丈夫？」の練習ができてよかった。これからは使っていきたい。
- 私はけっこう「きもい」とかいろいろ言っていた。これからは思いやりの言葉をたくさん使おうと思った。

これらは授業後の子どもの振り返りです。これまでの言葉遣いを反省し，温かい言葉かけで友達を元気にしようという意欲が高まっていました。エンカウンターを体験することで子どもたちは温かい言葉が友達を元気にすることに気づいていきました。そしていじめをなくし，安心して楽しい学級生活を送るために，友達に思いやりと励ましの言葉かけをしようという意欲が高まっていました。

まとめ

エンカウンターのエクササイズを取り入れ，かかわり合って学ぶことで，子どもの思い，考え，行動を変えることができる。

あとがき

　今，構成的グループエンカウンター体験研修会を行っています。エクササイズを体験しながら仲間や自分自身とふれ合う1泊2日のジェネリックのエンカウンターです。自分の心と向き合うことで新たな自分に気づき，行動変容を目指すワークショップです。エンカウンターを子どもの指導に生かすために，教師にぜひ体験して欲しいと思います。

　私は小・中学校で「いじめ防止ワークショップ」を行っています。思いやりと励ましの声かけを意識し，できるようにするために，①私もできる「はげまし言葉」，②思いやり言葉のシャワーなどのエクササイズを行いました。温かい言葉が友達を元気にすることに気づくことで，友達を傷つける言葉遣いが減っていきました。そして学級に温かい言葉があふれるようになり，いじめを許さない雰囲気が高まりました。スペシフィックのエンカウンターを活用することで，子どもの心に響く指導を進めることができました。

　小学校では学級集団をもとに指導を進めます。ですから学級づくりのスキルを高めることは教師にとって必須の課題です。エンカウンターは心を大切にした学級づくりに理論と方法を与えてくれます。本書が学級づくりがうまくなりたい教師の助けになることを願っています。本冊子で紹介したエクササイズは，拙著『10分でできる　なかよしスキルタイム35』（図書文化刊）掲載のものを多数使用しています。本書とともに活用していただくと指導の効果を高めることができると思います。

　最後に本書の著作の機会を与え，サポートしてくださった明治図書の茅野現さんに深く感謝申し上げます。

2016年2月14日
　　早春の富山湾を望む呉羽ハイツにて　　　　　　　　　　　　　水上　和夫

【著者紹介】
水上　和夫（みずかみ　かずお）
スクールカウンセラー，富山県教育カウンセラー協会代表，日本教育カウンセリング学会常任理事（研究委員長），上級教育カウンセラー，ガイダンスカウンセラー，構成的グループエンカウンター公認リーダー。
構成的グループエンカウンターに関する先駆けの修士論文を執筆。以来，國分康孝先生を師と仰いで教育実践を続けている。主任指導主事，県総合教育センター教育相談部長，小学校長等在職中からエンカウンターによる人間関係づくりを発信。教師の指導力向上を第一に考え，「教育は現場からしかよくならない」をモットーに活動している。現在も小・中学校でエンカウンターを取り入れた「いじめ防止ワークショップ」や「学級づくり研修会」を行っている。

著書
『ほんもののエンカウンターで道徳授業　小学校編』共著（2014）明治図書，『校長式辞　春夏秋冬』共著（2013）教育開発研究所，『意欲を高める・理解を深める対話のある授業―教育カウンセリングを生かした授業づくり―』共編著（2013），『10分でできる　なかよしスキルタイム35』単著（2013），『エンカウンターで学校を創る』編著（2001），『エンカウンターで学級が変わる Part 2 小学校』共著（1997）以上図書文化，『構成的グループ・エンカウンター』共著（1992）誠信書房，他多数

スペシャリスト直伝！
小学校エンカウンターで学級づくりの極意

2016年4月初版第1刷刊	©著　者　水　上　和　夫
	発行者　藤　原　光　政
	発行所　明治図書出版株式会社
	http://www.meijitosho.co.jp
	（企画・校正）茅野　現
	〒114-0023　東京都北区滝野川7-46-1
	振替00160-5-151318　電話03(5907)6701
	ご注文窓口　電話03(5907)6668
＊検印省略	組版所　中　央　美　版

本書の無断コピーは，著作権・出版権にふれます。ご注意ください。

Printed in Japan　　ISBN978-4-18-135824-2
もれなくクーポンがもらえる！読者アンケートはこちらから →

話題の新刊！

ほんもののエンカウンターで道徳授業

諸富 祥彦 編著

小学校編
B5判・116頁
本体2,200円+税
図書番号：1169

中学校編
B5判・120頁
本体2,200円+税
図書番号：1170

「エンカウンターの形だけを真似をした道徳授業が多く、これではねらいを達成できない」と編者は現状に警鐘を鳴らす。エンカウンターを生かしたとびっきりの道徳授業を数多く紹介。

1日15分で学級が変わる！
クラス会議パーフェクトガイド

諸富 祥彦 監修／森重 裕二 著

A5判・136頁・本体1,900円+税　図書番号：1864

朝の15分間を使って行うだけで、学級が変わるクラス会議。クラス会議を長年行ってきた著者が、クラス会議の導入の仕方、成功するコツ、おススメアクティビティなどを紹介。学校や保護者へのクラス会議説明プリントの見本もついた、まさにパーフェクトな解説本です！

明治図書　携帯・スマートフォンからは **明治図書ONLINE** へ　書籍の検索、注文ができます。▶▶▶

http://www.meijitosho.co.jp　＊併記4桁の図書番号（英数字）でHP、携帯での検索・注文が簡単に行えます。

〒114-0023　東京都北区滝野川7-46-1　ご注文窓口　TEL 03-5907-6668　FAX 050-3156-2790

＊価格は全て本体価表示です。